PAROLE DE TERRE

« Espaces libres »

PIERRE RABHI

PAROLE DE TERRE

Une initiation africaine

Préface de Yehudi Menuhin

Albin Michel

Albin Michel
■ *Spiritualités* ■

*Collection « Espaces libres » dirigée
par Jean Mouttapa et Marc de Smedt*

© Éditions Albin Michel, 1996

Préface

PAR YEHUDI MENUHIN

Pierre Rabhi, l'ayant vécu de son expérience propre, nous appelle ici à l'acte de réconciliation le plus urgent — aussi réel que symbolique, aussi essentiel en substance pratique que profondément religieux. La réconciliation avec notre terre mère est même plus urgente que la réconciliation entre les hommes, car notre vie dépend de notre terre. Aucune vie ne survit sur une terre morte.

De ses propres mains, Pierre Rabhi a transmis la vie au sable du désert, car la vie est UNE, *et la féconde transformation bactérienne rend au sable lui-même le don de pouvoir renouveler les espèces. Cet homme très simplement saint, d'un esprit net et clair, dont la beauté poétique du langage révèle une ardente passion, cet homme a fécondé des terres poussiéreuses avec sa sueur, par un travail qui rétablit la chaîne de vie que nous interrompons continuellement.*

Dans son récit Parole de terre, *il nous présente*

sous la forme d'un récit cette triste histoire de l'arrogance humaine qui en voulant dominer la vie la détruit, en voulant dominer les espèces les anéantit, en voulant dominer la terre la mutile, la torture, la désacralise. Moi-même qui suis américain, j'ai été frappé par l'utilisation aux États-Unis du mot dirt *(saleté) pour « terre » alors que* earth *est réservé pour dire « planète ».*

L'argent, devenu une substance universelle concurrente de la terre, est un outil qui en soi n'est rien, mais qui représente toute chose concrète et vivante, ou plutôt la valeur d'échange de toute chose. À première vue, il remplit ainsi une fonction pratique et utile, mais son accumulation frénétique encourage un désir féroce et fou de vouloir tout posséder. On a l'illusion de tout pouvoir acheter et acquérir avec l'argent, même l'amour, le dévouement, la santé, la confiance et l'amitié.

Le résultat, ce sont des populations malades, une agression permanente, des gouvernements incapables de protéger les malheureux, ni les leurs propres, ni ceux de leurs voisins, une civilisation sans amour-propre, sans respect ni pour la vie ni pour les cultures différentes.

Voilà quel est le message de ce livre touchant et vrai de Pierre Rabhi.

Avertissement

C'est au vaste monde de l'oralité que je dédie le récit qui suit.

Je n'ai jamais cessé de penser à ces êtres nombreux et innocents qui n'ont pas accès aux connaissances que les diverses écritures véhiculent. Circonscrits dans un territoire restreint où seule la parole articulée permet l'échange, ils ne peuvent ni participer à l'histoire universelle, ni se prémunir de ses perversions.

Ma propre grand-mère illettrée m'a été particulièrement présente. Née dans le désert et du désert, les choses du monde moderne la déconcertaient. Elle n'avait que son ignorance dédaigneuse pour les exorciser. Elle compensait son incapacité à comprendre les événements qui transformaient si vite et si violemment son univers et celui de sa descendance par une intuition encore plus aiguë et l'affirmation encore plus forte des valeurs qui l'habitaient comme l'esprit habite le tabernacle. Elle reprochait essentiellement aux valeurs nouvelles d'abolir le sentiment sacré et d'exposer par conséquent l'humanité à toutes les dérives et à toutes les grandes transgressions.

La première fois qu'elle respira du pétrole, elle dit : « Ce liquide est issu de la corruption, il faut le laisser à la place que Dieu lui a assignée, sinon le monde en sera corrompu. » En écoutant la « caisse parlante » que représentait pour elle la radio, elle dit : « Les Roumis sont des magiciens, mais ils font des miracles par orgueil, c'est pour cela que les vrais miracles échappent à leur entendement... »

Confrontée sa vie durant à la survie et aux rigueurs d'un monde sans fioritures ni complaisance, cette femme, comme d'autres humains de sa condition, était devenue forteresse. C'est ainsi qu'elle mettait en échec toutes les tentatives de l'étonner ou de l'effrayer par les « étrangetés » de ce temps. Cette résistance nous agaçait parfois car déjà s'insinuait en nous la fascination pour l'Occident et ses prodiges.

Nous nous préparions peu à peu, et comme à notre insu, à sacrifier ce que des siècles de patience et de rigueur avaient édifié en nous. Nous nous apprêtions à sacrifier les acquis d'un autre temps. Celui-ci faisait mûrir lentement la personnalité, forgeait le caractère des peuples,

Avertissement

édifiait leur cohérence, les enracinait dans leur terroir et les rendait, en dépit de toutes les rigueurs, heureux d'être en vie.

Les êtres déconcertés, attardés, comme ma grand-mère, se comptent par milliards sur la planète d'aujourd'hui. Ils semblent contempler, comme du quai de la gare d'un étrange destin, le train d'une histoire qui passe trop vite pour les concerner. Mais ils ne savent pas toujours que ce train dans lequel ils n'ont pas de place les oblitère également, s'alimente de leur énergie de pauvres et les réduit à des scories issues d'un monde révolu. Tout au plus, ce monde, en les dominant de toutes ses perversions, les somme-t-il de se mettre promptement à jour de tous les retards, ou de disparaître. Ce monde ne veut ni les attendre, ni les comprendre, ni les aimer, trop occupé à se projeter vers le non-sens et le néant.

Né de mon imagination, le personnage de Tyemoro symbolise tout ce que je ressens d'amour, de compassion et d'admiration pour les authentiques paysans. Ceux-là sont, au nord comme au sud, pétrisseurs de la glèbe qui les a pétris, ils en ont souvent incarné la force et le silence. À présent et partout, ils en expriment la souffrance et l'abandon. Ce récit, bien que de tonalité africaine, se voudrait universel. C'est pourquoi ni l'ethnie batifon ni son territoire ne sont identifiables géographiquement.

Après quelques décennies où la science et la technique ont fait croire à quelques humains qu'ils étaient démiurges, le désenchantement s'installe et prend vigueur. Toute la frénésie tapageuse de ce siècle, toute cette orgie en hommage à la matière minérale au détriment de ce qui vit de sensibilité, d'intuition et de nerf, semble s'achever sur une immense équivoque. Le monde angoissé se disloque. La barbarie est là, tapie dans les cœurs comme la mort sournoise et radicale est tapie dans les arsenaux atomiques. Et c'est bien là un des grands prodiges dont l'humanité d'aujourd'hui pourrait se flatter : avoir fait aux forces de destruction la plus grande et la plus hideuse offrande.

La forme de ce récit pourra surprendre, mais que le lecteur ne s'y trompe pas, sous l'apparence d'une fable, il s'agit bien d'alerter la conscience de chacun sur les exactions sournoises commises à l'encontre de cette terre et (selon la loi irrévocable qui nous lie à elle) contre nous-mêmes.

Cette initiation à un élément aussi concret que la terre nourricière ne peut être cependant tout à fait comprise hors de l'espace spirituel qui la sous-tend. Notre siècle de rationalité matérialiste, de pesanteur minérale, de substances toxiques largement répandues, d'une science presque totalement asservie au profit, a porté atteinte au monde sensible qui constitue l'enveloppe vivante et vitale de notre planète. Il semble que ce ne soit qu'à l'aune du sacré que nous pourrions mesurer l'ampleur de notre responsabilité. J'entends par sacré ce sentiment humble où la gratitude, la connaissance, l'émerveillement, le respect et le mystère s'allient pour inspirer nos actes, les éclairer et faire de nous des êtres très présents au monde, mais affranchis des vanités et des arrogances qui révèlent bien davantage nos angoisses et nos faiblesses que notre force.

Parole de terre se voudrait une petite contribution à cette cause fondamentale : la survie alimentaire des humains partout où elle est menacée.

Cette parole se voudrait également prétexte à une méditation sur le mystère de la fécondité de la terre, et du pacte nouveau et vital que nous devons établir avec elle.

C'est une réalité objective, concrète et vivante, liée à une expérience réelle (se référer à la postface), dont les enjeux concernent chaque être humain, car il s'agit de la terre nourricière, de la terre mère, à laquelle nous devons la vie et la survie.

Retour à Membele

Le taxi-brousse dévore à grand-peine les kilomètres d'une route convulsée, fondrières de rocaille érodée par la violence des pluies pourtant rares, et par le vent opiniâtre de la saison sèche. Le véhicule laisse derrière lui un panache de poussière ocre que la sueur fixe sur le visage. La chaleur s'ajoute, suffocante, avec ses odeurs familières, chargée de souvenirs. Mes compagnons inconnus et moi sommes serrés les uns contre les autres comme une nichée d'oiseaux ou de lapins. Notre masse, car nous ne sommes plus que cela, suit le mouvement du taxi surchargé et comme en état d'ébriété. Au grondement rageur du véhicule se mêle la voix insouciante d'un chanteur. Je finis par l'identifier car des voiles protègent les visages. Des yeux seuls apparents nous permettent d'échanger quelques signes brefs, d'établir entre nous des petites passerelles sans consistance mais qui attestent de notre bonne disposition d'esprit à l'égard les uns des autres. Certains voyageurs échangent à voix haute. Ce sont des Batifons. Ils ne se doutent pas que l'étranger que je suis, l'homme blanc parmi eux, comprend tout ce qu'ils se disent, le batifon étant ma langue de spécialisation. Ils ne peuvent imaginer tout ce qu'il a déjà écrit sur cette langue, ses origines, sa structure, sa symbolique, les populations qu'elle concerne, etc.

J'ai longtemps considéré ma discipline comme un voyage initiatique aussi long que la vie et qui, au-delà du dernier souffle des uns, se poursuit ailleurs dans d'autres esprits, d'autres mémoires. Je me suis trouvé comme par hasard dans ce courant où les générations se transmettent le patrimoine, le protègent du déclin, jusqu'au jour où l'écheveau leur échappe.

La communauté batifon est de celle que l'extinction menace. Dans le même temps qu'il précipite sa destruction, le monde moderne, celui de l'argent et du business, produit des spécialistes comme moi pour tenter de sauvegarder quelques vestiges culturels, travail dérisoire, exaltant et douloureux à la fois. Missionnaires, explorateurs, anthropologues, affairistes ont souvent contribué à débusquer des collectivités humaines qui ne leur demandaient rien pour les livrer en pâture à la dévorante prétention des civilisés. Tout cela sous d'excellents prétextes moraux, les sauver de la damnation ou de la maladie ou de bien d'autres périls. C'est à peine si les intrus reconnaissaient en ces « sauvages » des spécimens de leur propre espèce.

Ces dégradations bien avancées auraient été moins douloureuses si le monde moderne et son progrès avaient été un exemple crédible, avaient eu une évolution moins ambiguë. Avoir fait des « miracles » avec les mathématiques et la matière ne suffit pas, surtout lorsqu'on mesure le pouvoir de destruction de ces miracles. Par exemple, avec les armements perfectionnés et l'esthétique des engins de déflagration, l'humanité a terriblement régressé. Elle a régressé presque dans le sens métaphysique du terme, car elle a profané la mort elle-même. Curieusement, tout se banalise, et même la hideur absolue prend place dans le train de l'histoire, et, pire, nous l'honorons, et ce n'est pas la seule défaillance.

Que signifie alors la modernité avec l'exaltation de la matière minérale qui la caractérise, depuis le charbon et l'acier, jusqu'au pétrole et à l'atome ? Et quoi encore, demain ? D'autres miracles, pour qui, pour quoi ? Tout cela valait-il le sacrifice de peuplades innocentes dont le monde était naguère largement ensemencé ?

Tandis que le taxi-brousse me rapproche de mon ami Tyemoro, toutes ces pensées « saugrenues » encombrent ma tête. Cette cinquième mission n'a pas la même saveur que les autres. Tyemoro m'a beaucoup donné, expliqué pour éclairer mes recherches concernant la langue qu'il maîtrise à merveille et la symbolique qui la sous-tend. Cela me permet de noircir des pages et d'enseigner à l'université. Le bénéfice le plus précieux que j'en tire surtout réside dans l'amitié d'un vieil homme plus digne que tous les princes. Un homme encore construit intérieurement, généreux, patient, auprès de qui mes tourments de prof, époux et père se dissipent. Il me fait oublier ce monde de rivalité dans lequel mon métier me force à baigner. Cette sixième mission est presque inutile sur le plan formel, mais elle m'est comme une halte bénéfique et, malgré la poussière et la chaleur, j'en goûte les prémices.

Dès les premiers pas que je fais, étourdi et titubant, j'ai l'impression de me réenraciner sur cette terre devenue familière. La camionnette est à présent immobile, soulagée de nous elle me paraît fourbue. J'ai l'impression qu'elle halète de toutes ses bielles et soupapes. J'ai pour elle de la reconnaissance, car durant ce long voyage, elle s'était chargée de mon destin, s'était engagée moralement à me remettre sain et sauf au lieu de ma destination. Une petite foule nous entoure déjà, on me reconnaît, une jubilation sonore s'élève de toute part. Je suis entouré, des mains innombrables serrent les miennes avec des cris : « François ! François ! » Je suis délesté de mes bagages et une escorte se forme pour me conduire à travers le village vers la maison de Tyemoro. J'aurais aimé me présenter dans un état moins poussiéreux, mais ici nul ne se formalise et chaque chose vient en son temps. Escorté, je déambule parmi les maisons de terre sèche. Toute l'ambiance : odeurs, bruits, poussière s'emparent de moi et poursuivent ma réintégration à ce milieu devenu mien. Je me sens également enfant de Tyemoro et à mon admiration se mêle une affection sensible, profonde. Sitôt dans la cour, je l'aperçois debout, devant sa chambre, recouvert jusqu'aux chevilles d'un vêtement couleur de sable. Il n'a guère changé depuis trois ans, barbe et cheveux blancs mettent en relief son beau visage brun foncé. Avant de me toucher, il me regarde de ses yeux intelligents et vifs en dépit des taies qui les recouvrent partiellement, ses grands bras s'ouvrent enfin et tout mon corps est englouti dans une étreinte à la mesure de la longue absence dont elle marque le terme.

Lavé et revêtu de vêtements locaux légers et amples, mon corps est comme allégé, presque éthéré. Je suis à nouveau dans mon autre univers, strictement masculin. Les femmes nimbées de discrétion et de subtile pudeur ont préparé de la nourriture. Leur présence est légère, inconsistante, et cependant racine et tronc, obstination et courage toujours renouvelés. Je sais depuis longtemps que, sans elles, point de salut pour la collectivité car elles en constituent l'armature, les œuvres vives. Leur monde ne m'est guère accessible car c'est aux hommes que j'ai affaire. Elles sont matrice et béance mais aussi secret de l'œuf. Je sais qu'elles me voient sans me regarder et il me faut une attention très soutenue pour percevoir le frémissement sur leur visage ou leur corps attestant que leur indifférence n'est qu'affectation. Dans cette culture, la parole est à l'homme et il serait mal venu, voire déshonorant, que les femmes la prennent. Je dois observer une stricte réserve et éviter toute transgression qui troublerait ce climat auquel des conventions, bien établies et acceptées, donnent de la sérénité en dépit de tout. Ainsi, je ne sais de ces femmes que ce que Tyemoro m'a appris en m'initiant à son système social. Malgré les apparences, la femme n'est pas inférieurisée par la cosmogonie batifon. Son effacement est dû à ce qu'elle est considérée comme issue du principe germinatif. Elle est graine porteuse de graine et représentante des mondes où activité et silence se confondent.

Cependant, dans l'intimité ces femmes s'expriment, et avec véhémence si nécessaire. Alors l'homme devient véhicule conscient ou inconscient de leurs opinions, de leurs intuitions, et c'est de cette façon détournée qu'elles participent au débat collectif.

Durant ce temps préambule, je joue un peu le rôle d'infirmier, distribuant des médicaments, désinfectant des plaies, instillant des collyres… C'est l'occasion pour moi d'approcher un peu ces femmes chargées d'enfants affectés de divers maux, ceux que je puis soulager et les autres. En dehors de cela je me contente de quelques sourires distants en guise de reconnaissance.

Je n'ai tout d'abord rien fait d'autre que vivre dans le village comme pour laisser s'accomplir l'œuvre de réintégration physique, psychique et spirituelle. Je vois Tyemoro tous les jours. Je déjeune ou dîne souvent en sa compagnie, accroupi sur des nattes recouvrant la terre battue, c'est l'occasion de quelques échanges. Je mesure toute la précarité de la vie de mes hôtes et, en dépit de leurs protestations, participe directement et indirectement aux frais de mon séjour et même au-delà. La boutique d'un étranger à peau claire installé tout récemment offre quelques marchandises presque comiques, en tout cas insolites dans un tel contexte, des boîtes de sardines ou de maquereaux, de la sauce tomate, du savon, du thé, des piles électriques, des pâtes, du riz, des haricots secs échangés contre d'aléatoires billets ou pièces de monnaie miraculeusement échoués en ces lieux. Pour beaucoup de familles, chaque jour est un pas difficile. Cette boutique pourrait à elle seule permettre de mesurer la précarité à laquelle ce peuple est soumis. La vie moderne y répand aussi quelques-uns de ses attributs, de ses oripeaux les plus élémentaires et accentue cet état de survie plus que de vie. Chaque jour est un pas héroïque. Le sable, inconnu quelques décennies auparavant, se taille un empire. La terre en est submergée. Les dernières générations d'enfants sont marquées par l'insuffisance de nourriture. Avec les nouveaux médicaments, ils survivent mieux, mais ils n'ont plus la solide charpente de leur père. Cela m'amène à me poser la terrible question : faire survivre ces enfants, est-ce les sauver ou bien les condamner à une lente agonie ? De la pauvreté à la misère, de la misère à la mort, le processus est si bien établi qu'il en devient banal. Je reste miné par une révolte sourde contre les égoïsmes et humilié par mon impuissance. Je sais par ailleurs que le continent ne manque pas de richesses et il est en outre sous-peuplé. Ceux qui n'en donnent ou n'en reçoivent qu'une image tragique ignorent les réels efforts que des femmes et des hommes font partout pour conjurer le mauvais sort et le chaos provoqué par l'histoire récente.

Vivre dans ces milieux vous déconcerte, surtout lorsque de ce qui devrait résonner grave, de cette sorte de tristesse pétrifiée, fusent des rires, des claquements de mains ou de l'exubérance enfantine. Miracle de ce monde défiant sans cesse le sort dans l'attente d'un temps plus clément, plus juste, plus constructif.

Je mène une vie ordinaire, sans surprise : levé tôt le matin, promenade de deux heures dans la brousse animée par des chapelets de femmes vaquant à leurs tâches, transportant de l'eau ou du bois, des bergers poussant de faméliques troupeaux. Après la promenade, je reprends la lecture de quelque ouvrage relatif à mes recherches ou bien rédige des lettres, note quelques considérations ou réflexions, un choix sans contrainte, selon l'humeur et si agréable… Après le repas, une sorte d'accablement me contraint à la sieste. Et puis, vient le moment que je préfère : l'approche de la nuit lorsque tout s'atténue, se recueille. Les nuits sans lune, le village tout entier disparaît. Seules ici et là des lampes pâlottes tentent de percer la cuirasse nocturne. La cour de Tyemoro accueille tout le monde. Les gens vont et viennent dans l'obscurité. On les identifie parfois à la voix, l'ambiance est cependant feutrée et les échanges verbaux se font comme dans un sanctuaire. On vient s'imprégner du vieux, sans troubler le silence qu'il affectionne.

Je n'ai pas encore recommencé à interroger Tyemoro pour compléter mon information. À vrai dire, je recule cette échéance sans trop savoir pourquoi. J'ai goûté à une sorte d'insouciance et m'offre ce temps sans contrainte pour me défaire de l'agitation de l'autre monde qui colle à mon esprit comme la terre aux semelles du laboureur. Tyemoro m'a toujours laissé libre de décider du quand, du comment et du où dans notre collaboration. Tout au début, le scrupule me paralysait ou provoquait cette sorte d'incohérence de mes gestes ou de ma parole. Voyant mon embarras, Tyemoro m'avait, par des mots très simples, mis définitivement à l'aise.

La complainte de Ninou

Ce temps de routine est interrompu par un événement apparemment insignifiant mais qui élargit d'emblée mon champ de réflexion. J'étais déjà couché, les yeux ouverts dans l'obscurité, l'esprit animé de ces pensées vagues qui précèdent le sommeil. Quelque chose bouge dans un coin de ma chambre, peut-être un animal. Non, une voix d'enfant : « François, je viens te voir, je ne peux pas dormir. » Je reconnais aussitôt le petit Ninou. Il s'est pris d'amitié pour moi et me suit tout le temps avec une sorte de dévotion affectueuse. Rien ne l'enchante plus que me rendre service, m'apporter à boire, faire mes courses. Toute demande de ma part provoque en lui une jubilation débordante, un sourire éclatant, des yeux brillants en même temps qu'une fierté comique. Déjà orphelin de père et de mère, j'ai appris qu'il venait de perdre sa vieille tante. On a tendance à le considérer comme simplet, je pense qu'il manque surtout d'affection. L'étranger est dans ce cas celui vers lequel on va pour être reconnu, pour trouver un peu d'attention.

Cette présence m'éveille, aiguise mon intérêt. La voix de l'enfant donne peu à peu à l'obscurité une consistance grave. Je finis par m'asseoir sans rien dire, lui laissant l'initiative. Je le devine près de la porte. Un long moment se passe où des questions se succèdent dans mon esprit sans que je puisse les formuler. La voix finit par retentir de nouveau, comme une méditation parlée, surprenante, déconcertante, venant d'un enfant aux portes de l'adolescence. J'écoute de toutes les fibres de mon corps l'étrange récit avec lequel l'enfant voulait me transmettre je ne sais quel message.

« La vieille n'arrêtait pas de regarder devant elle. Tous les jours, elle sortait devant sa maison, s'asseyait par terre, et regardait comme si elle attendait que quelque chose vienne sur le chemin, ou bien de la montagne là-bas, plus loin. La montagne, il y a des jours où on ne la voit pas parce que la poussière couvre tout. Le vent souffle, la poussière monte, on ne voit même plus le soleil. Il y a des jours où la chaleur est terrible, et puis, l'hiver, il fait froid. Mais, la vieille Meka, tous les jours, elle sort de sa maison et regarde le désert. Quand il n'y a pas de poussière, on voit des arbres malingres, on dirait que le bon Dieu n'avait pas assez de semence pour les faire pousser, alors il y en a un ici, un autre là-bas. Quand on regarde ces arbres, on voit bien qu'ils ne boivent pas assez. C'est vrai qu'ils ne boivent pas assez. Nous autres, quand on a soif, on va chercher de l'eau au puits ou au marigot, les animaux font comme nous. Mais ces arbres, les pauvres, ne peuvent pas marcher et ils sont là, avec leurs feuilles couvertes de poussière et leurs piquants quelquefois. Les animaux viennent, leur mangent beaucoup de feuilles et leur cassent des branches. Les arbres ne crient pas, ils ne pleurent pas. La vieille Meka dit que les arbres pleurent. Mais elle avait la tête un peu bouleversée. C'est vrai, il faut la comprendre, elle a eu huit enfants, ils sont tous partis au grand village* l'année dernière. Son mari est mort vieux,

---

* Grand village : ville.

cassé, avec ses mains durcies par les manches des houes et des coupe-coupe. Tout son corps était devenu sec et un peu tordu mais quand il regardait quelqu'un, alors là, mon vieux, les yeux, on pouvait pas rester tranquille devant ses yeux. Sa bouche ne disait rien. Ses yeux disaient : " Oui, je suis pauvre, mais je ne suis esclave de personne… " Tout son corps était tordu mais sa tête était droite. Quand la compagnie a construit le barrage de Dani, les enfants sont allés en camion travailler, ils revenaient de temps en temps et après ils sont partis longtemps et quand ils revenaient, ils disaient qu'avec " larzan ", ils pourraient bien vivre et en envoyer à leurs vieux. C'est vrai, un jour, ils ont reçu " larzan ". Le vieux l'a donné à sa femme et sa femme l'a redonné à son mari. Le mari l'a posé sur le bord de sa fenêtre, il a mis un caillou dessus pour que le vent ne l'emporte pas et " larzan " est resté là, ni dehors ni dedans. Les vieux ne savaient pas quoi faire avec. Un jour, " larzan " a disparu. J'étais chez les vieux, ils n'ont rien dit. Dans leur maison, il n'y avait pas beaucoup de choses et les murs de terre se cassaient par endroits. Mais la vieille, tous les soirs, elle balayait, elle secouait les nattes et arrangeait la maison comme si des invités devaient venir. Après, elle s'asseyait devant la porte et regardait le désert. Son mari, un jour, lui a dit : " Je vais te quitter. Dieu m'appelle. Moi, je voulais rester avec toi mais on ne discute pas avec la volonté de Dieu. " Alors, le vieux Kafa s'est couché, il a dit à sa femme de lui donner la main. Ils ont gardé longtemps leurs mains serrées sans parler. Ils n'ont pas parlé. Dehors, le vent soufflait et la maison était comme un roseau dans la bouche du berger. La maison chantait. Moi, je ne croyais pas que la maison peut chanter, mais c'est vrai, elle a chanté. Quand la main du vieux Kafa n'a plus serré la main de la vieille Meka, la vieille a poussé un petit cri, mais elle n'a pas bougé. Le vent faisait bouger le plateau de cuivre accroché au mur et le plateau faisait un peu de bruit, c'est tout. Les gens du village sont venus pour faire la toilette du vieux et le mettre dans la terre. Il y avait beaucoup de vieux à l'enterrement parce que les jeunes sont tous partis. Moi, j'étais resté avec la vieille parce que c'était ma tante, elle m'avait élevé comme son enfant, je ne voulais pas partir et la laisser toute seule.

« Quelquefois, quand l'un des enfants venait, il était habillé en moderne, avec des cache-yeux. Il avait des bracelets qui disent combien de temps a passé. Les enfants venaient sur des " mobilet' " qui font du bruit et courent très vite. Plusieurs fois je me suis caché parce que j'avais peur de ces " mobilet' ". Un jour, j'en ai touché une, elle m'a brûlé la main, comme lorsque je vole la viande dans la marmite bouillante.

Chaque fois, les enfants disaient à leur mère de venir avec eux au grand village mais la mère leur disait non. Certains, comme Tobi, le fils le plus âgé, se mettaient en colère. La vieille ne disait rien. Et Tobi s'en allait sur son âne de fer. Moi j'avais toujours peur de ces enfants parce qu'ils parlaient mal. Il y en a un, Sina, qui m'a donné un coup parce que j'avais fait tomber son " post' ". Les gens dedans ont arrêté de parler quand la boîte est tombée, mais ils sont revenus et moi j'étais content parce que Sina avait la figure froissée et les yeux pointus. Il m'a dit : " Tu as de la chance. " Et il est parti. Chaque fois, les enfants donnaient de " larzan " à la vieille, mais la vieille le posait sur la fenêtre et " larzan " était volé. Les enfants aimaient leur mère et voulaient savoir si elle était fâchée parce que eux étaient partis au grand village. La vieille Meka ne disait pas si elle était fâchée ou pas fâchée mais elle demandait à Dieu de protéger ses enfants. Et chaque jour elle se remettait à regarder le désert de ses yeux presque aveugles. Moi je continuais à soigner nos deux chèvres, je les emmenais pour brouter. Je ne voulais pas qu'elles mangent les feuilles des arbres malingres mais il n'y avait rien d'autre. Alors j'essayais de les bousculer pour qu'elles prennent un peu de feuilles à chaque arbre, pas tout au même. À chaque pas que je faisais, mes pieds faisaient de la poussière. J'allais loin, presque jusqu'à la grande montagne et de là je voyais la maison. Elle ressemblait à un grand buffle brun couché au milieu d'un grand champ desséché. L'année d'avant, on avait quatre chèvres mais deux sont mortes, empoisonnées, peut-être bien, mais elles étaient vieilles aussi. Le soir, je ramenais les chèvres et je leur prenais du lait. Ma tante Meka faisait du lait aigre. J'arrosais le jardin où poussaient des oignons, des navets et des choux, des gombos et des haricots. Il n'y avait pas beaucoup d'eau dans le puits, il fallait attendre au moins trois jours avant de pouvoir arroser. De temps en temps l'oncle Sarindi venait rendre visite à ma tante Meka. Ils parlaient un peu, pas beaucoup. L'oncle Sarindi, quand il était jeune, avait des chameaux pour porter le sel, le bois, le grain. Il apportait aussi des nouvelles. Beaucoup de gens aimaient lui parler parce qu'il avait beaucoup de choses à raconter. Il racontait lentement et quelquefois même il ne disait rien pour que les gens lui demandent de continuer. Alors il fermait les yeux et les gens se retenaient même de tousser. Maintenant l'oncle Sarindi n'a plus de chameaux et il n'a plus rien à raconter. Il restait à côté de sa sœur et tous les deux ne parlaient pas beaucoup. Ma tante faisait bouillir de l'eau et préparait du thé. Alors on entendait seulement le bruit de leurs bouches et de leurs langues en train de boire le thé. Moi aussi je recevais un verre ou deux. L'oncle Sarindi mettait sa main sur ma tête pour me dire bonjour et au revoir. Sa main était chaude et je sentais sa bague. En partant, il me disait : " Fais bien attention à la vieille tante et obéis-lui. " Je ne savais pas pourquoi j'aimais beaucoup l'oncle Sarindi. Il marchait tout droit, pas comme le vieux qu'il était, et ses vêtements dansaient autour de son corps. Moi, de temps en temps, je pleurais parce qu'il n'y avait pas d'enfants pour me parler.

« À la saison de la pluie, je creusais des trous dans la terre pour semer des graines de mil. Une année ça a tellement poussé que le grenier n'était pas assez grand. Quelquefois, la plante elle pousse et, quand elle est encore un petit bébé plante, la pluie ne vient plus, le soleil la brûle et le vent recouvre le bébé de sable. Des fois, ça pousse, mais quand c'est presque fini il n'y a pas de grain ou bien pas beaucoup. Ma tante Meka, une fois, a pleuré parce qu'il n'y avait pas de grain. Elle a pleuré longtemps en essuyant ses yeux avec un morceau de ses habits. Alors quand le marchand de grain est passé, elle a pris un peu de " larzan " de ses fils et elle a acheté du grain. Tous les gens du village n'avaient pas de grain. Chaque année, nous recommencions à semer le grain et à attendre la pluie. Les gens ne parlaient que de la pluie. Nous regardions tous le ciel et le plus petit nuage nous rendait contents. Mais après, personne ne parlait de la pluie, comme si on avait peur qu'elle ne vienne pas ou qu'elle se fâche. Les champs étaient brûlés et le vent qui venait du désert aidait le soleil à tout dessécher.

« Les gens du village se réunissaient souvent sous le grand arbre. Ma tante Meka me demandait de l'accompagner à cette réunion. Elle avait sa canne dans la main gauche et mon épaule sous sa main droite. Nous marchions lentement comme si nous ne voulions pas déranger les cailloux sur le chemin. Beaucoup de gens marchaient comme ça, comme s'ils ne voulaient rien déranger. " Excusez-nous ", semblaient-ils dire, aux quelques êtres encore vivants, aux rochers et au sable abondant, aux ânes, au ciel et à tout, " nous ne faisons que passer. " Avant, quand il y avait des enfants, les choses n'étaient pas pareilles, mais maintenant, c'est comme ça. À la réunion, il y avait des hommes presque tous vieux et des femmes. Chez les femmes, il y avait un peu plus de jeunes avec des enfants sur le dos. Tout le monde était assis mais personne ne voulait prendre la parole. Tout le monde attendait que Tyemoro commence à parler. Le grand arbre étendait ses branches, comme s'il voulait que son ombre soit grande aussi. Ses racines sortaient de la terre comme des doigts. Ça ressemblait à une main qui tient une grosse poignée de terre. Il était le plus grand arbre et déjà les vieux s'inquiétaient du vide qu'il laisserait s'il mourait. Certains souhaitaient ne jamais voir ce malheur. C'est pourquoi l'arbre était traité comme un enfant ou un aïeul. En passant près de lui avec leurs récipients d'eau, certaines femmes faisaient exprès d'en laisser couler un peu. La poussière avalait cette eau, mais à force la terre restait mouillée. Personne ne savait vraiment comment, mais l'arbre était comme le père de tous, il était le père des ancêtres. Certains disaient que s'il parlait, il raconterait toute l'histoire de notre tribu. Les villageois ne parlent plus beaucoup quand ils se réunissent. On n'entend que les chasse-mouches et des soupirs. Quelques années avant, ils parlaient beaucoup des jeunes qui n'arrêtaient pas de partir, des mauvaises récoltes, de la maladie des uns ou des autres. Parfois, dans le noir de la nuit, certains racontaient des histoires. Ils étaient inquiets mais ils parlaient. Maintenant, ils baissent la tête et soupirent seulement. Ils baissent la tête parce que le vent, le soleil et le manque de pluie duraient et que les jeunes sont partis. Ils viennent comme des étrangers sur leurs " mobylet' ". Moi aussi j'avais envie de partir, d'aller au grand village, et avoir un " post' ". Je pleurais d'être là avec seulement Nana le benêt et Biasine qui ne peut pas marcher. Je savais que si je partais ma tante serait toute seule, sans personne pour l'aider. Et puis, on me disait que j'étais trop petit pour aller au grand village. Un matin, ma tante Meka ne s'est pas levée. Je suis allé la regarder et j'ai vu qu'elle tremblait beaucoup. Sur sa figure, il y avait beaucoup de sueur. Elle m'a demandé de m'approcher, elle a pris ma main et caressé ma tête. Elle m'a envoyé chercher le guérisseur. Il est venu, mais pendant trois jours ma tante n'a pas arrêté de trembler. Des gens du village sont venus pour rester avec elle et la soigner, mais un matin on l'a trouvée morte. Maintenant, il n'y a plus rien à la maison et moi aussi je veux partir... Pourquoi tu m'emmènes pas avec toi ? Je serai comme ton fils et tu m'apprendras des choses et je te ferai des courses. »

La voix se tait et le silence est comme une matière dense, pesante. Dans l'obscurité absolue, je n'ai que mon imagination et ma réflexion pour donner suite à cette sorte de supplique. Mon premier réflexe est de me tirer de ce « traquenard » par un refus catégorique. Et puis, je décide de laisser le temps me suggérer une réponse ou une disposition honnête, satisfaisante pour le cœur et la raison. Je me lève et, à tâtons, je retrouve l'enfant. Je le prends dans mes bras. Il est secoué de sanglots silencieux, de ce chagrin profond si proche du désespoir. C'est alors que m'apparaît clairement l'inanité de ma propre situation.

Nous autres, chercheurs, sommes tellement

Parole de terre

absorbés par nos spéculations, par les références au passé, à ces fresques historiques qui permettent de confectionner des guirlandes de phrases, que nous oublions le présent et son contenu. La visite de cet ange-enfant au creux de la nuit change mes dispositions d'esprit et je décide de donner à mon séjour un tout autre contenu. Je m'aperçois que j'ai accumulé beaucoup d'informations sur le passé, la langue, les traditions, mais j'ignore une grande partie des événements et de l'histoire concrète de ces hommes et de cette terre.

La mémoire de Tyemoro

Dès le lendemain, je rends visite à Tyemoro. Lorsqu'il me voit avec le « piège à paroles » comme il appelle le magnétophone, il comprend que le travail va reprendre. Il m'entraîne dans sa chambre, car au-dehors la chaleur et les mouches deviennent insupportables.

Le vieillard s'accroupit et se met dans sa posture habituelle lorsqu'il doit se concentrer. Cette posture rappelle un peu celle du fœtus et ajoute étrangement à la noblesse du vieil homme.

Je prends donc la parole :

— Tyemoro, mon ami, aujourd'hui je viens te demander de me parler de votre terre car les choses ne furent pas toujours telles qu'elles sont : pourquoi tant de gens sont partis, pourquoi êtes-vous seuls entre vieux maintenant et si peu nombreux au village? Pourquoi manquez-vous de nourriture, pourquoi l'espoir semble s'éloigner de cette terre? Y a-t-il quelque chose à faire encore pour elle?

Manifestement surpris, le vieillard reste silencieux longtemps. Ce silence m'inquiète, car j'ai peur d'avoir mis mon interlocuteur dans l'embarras. Je sais aussi qu'il n'aura aucun mal à se tirer d'affaire si tel est le cas, car la langue batifon comporte beaucoup de subtilités pour dire non sans déroger aux règles de la bienséance et de l'hospitalité! La surprise passée, Tyemoro, encore une fois, accepte d'entrer en parole, de devenir parole. Il dit :

J'ai beaucoup réfléchi, jour et nuit. Depuis longtemps je me demande pourquoi notre vie a changé ainsi. Peut-être avons-nous offensé Dieu, peut-être n'avons-nous pas respecté ce qu'il nous a donné, peut-être que nos enfants ont dérangé les esprits en allant vers le grand village ou bien offensé les ancêtres? Je ne sais pas. Je suis allé de nombreuses fois dormir seul sur la montagne en espérant que, dans le secret, quelque chose me dirait ce que nous avons fait et ce que nous devons faire pour réparer nos fautes. Parmi les chacals et les serpents, dans la nuit noire, j'ai étendu mon corps sur la pierre nue et brûlante, mais rien, ni dans l'éveil ou le sommeil, ne m'a été révélé.

Combien d'aurores ai-je vu naître, grandir et préparer la venue du grand soleil ? Alors, je contemplais le désert et me souvenais de ce que disait le père de mon père. En ces temps-là, tout était arbre. Ils étaient si nombreux et serrés que leur ramure obscurcissait le ciel. Nos ancêtres vivaient des fruits et des animaux sauvages abondants. L'eau abondante aussi offrait aux pêcheurs de nombreux poissons. Nos ancêtres cultivaient de petites parcelles autour des arbres. Puis, ils ont brûlé et déraciné les arbres, et les parcelles sont devenues plus grandes. La forêt était peuplée de bêtes dangereuses. Les êtres humains devaient prendre garde à eux-mêmes et surtout à leurs enfants. Les villages au milieu de la forêt étaient protégés par des palissades de bois que les animaux ne pouvaient franchir. Tous les ans, il fallait brûler l'herbe pour que les serpents et toutes les autres bêtes nuisibles s'éloignent du village et que d'autres soient capturées pour notre nourriture. Voilà ce que disait mon grand-père.

Au temps de mon père, ces choses n'avaient

pas beaucoup changé, seulement les champs étaient devenus plus grands et nous pouvions échanger nos récoltes avec d'autres gens. Ils nous donnaient ce que nous n'avions pas et nous leur donnions ce qu'ils n'avaient pas. Parfois, des querelles corrompaient nos relations, mais ce n'était pas trop grave. Il y avait parmi nous ceux qui savaient mieux chasser que d'autres, ceux qui savaient mieux cultiver : lorsque quelqu'un savait quelque chose, cela profitait à tous. Notre groupe était comme un seul corps à plusieurs têtes avec de nombreuses jambes et de nombreux bras. Chaque jeune devient vieux, et chaque vieux a été jeune. Les vieux enseignaient les jeunes et les jeunes nourrissaient les vieux, c'était comme si rien ne changeait tout en changeant. Des chefs nous guidaient, ceux-là étaient à l'écoute des voix du secret. Ils nous disaient comment organiser notre vie commune. Les chefs veillaient à ce que le corps du groupe ne devienne pas malade à cause de l'un ou l'autre de ses membres. Bien sûr, il y avait aussi des imperfections, comme toujours. Des hommes ou des femmes étaient jaloux les uns des autres. Certains étaient méchants ou rancuniers, et parfois même le poison était utilisé. Mais quand même dans le village il y avait beaucoup de bonnes choses et les fêtes étaient nombreuses.

Et maintenant, je ne comprends pas pourquoi

nous sommes comme dans un grand vide, un vide immense.

Lorsque j'étais enfant, la pluie était toujours là pour arroser nos graines et les faire germer. Une ou deux fois seulement elle a manqué. Les gens ont dit : « Tiens, elle n'a pas dû se réveiller ! » Nous connaissions aussi ses caprices, ses retards, son insuffisance, mais ce n'était pas grave parce que les greniers remplis les années passées nous tranquillisaient et les animaux sauvages et les fruits ne manquaient pas. Une année, nous avons un peu plus manqué de nourriture, nous avons un peu souffert, mais après la pluie est venue et nous avons rempli les greniers. Quand j'étais enfant, on ne pouvait pas voyager seul à cause des bêtes sauvages. Le village et les champs faisaient comme de petits trous dans la forêt. Certaines années, les enfants mouraient, ils tombaient comme des fruits en excès sur l'arbre de la vie. D'autres naissaient, ainsi joie et tristesse se mêlaient comme la trame et la chaîne pour tisser nos jours. Je ne sais pas pourquoi quelque chose nous disait : sois patient, tout cela est volonté de Dieu, et nos parents, les vivants et les morts, restaient comme liés par l'esprit. Parfois nous arrivaient, par les chemins mystérieux, des étrangers, des inconnus. Ils nous hélaient de loin et nous savions ainsi que leur cœur était pur car leurs mains ouvertes attestaient de leurs bonnes intentions. Nous disions alors : « Ces gens qui surgissent de l'inconnu ne peuvent qu'être bénéfiques, car nous n'avions rien fait pour mériter le mal. » Ces voyageurs étaient reçus avec tous les honneurs. On allait traire les bêtes pour leur offrir du lait, des animaux étaient sacrifiés. Nos hôtes ne devaient rien nous reprocher, et lorsqu'ils s'attardaient chez nous, cela nous était bon signe, car un homme qui trouve du bien, c'est à regret qu'il le quitte.

Ces gens nous contaient leur vie et parfois nous apprenions d'eux des choses étranges, des connaissances qui nous enrichissaient. Ils apprenaient aussi de nous bien des façons de faire et de penser. Nous échangions nos proverbes et nos dictons, et des liens parfois s'établissaient pour longtemps.

Parfois nous venaient des gens d'une tribu hostile, ceux-là ne s'annonçaient point. Ils nous infligeaient des maux, et même la mort. Nous allions chez eux pour leur faire de même, et ces exactions ne nous honoraient point, car nous étions ennemis et la haine nous faisait commettre des abjections.

Un jour sont arrivés chez nous des hommes blancs. Nous ne comprenions pas leur langage, mais eux comprenaient le nôtre. Ils nous parlaient de leur dieu. Certains soignaient nos enfants avec leurs remèdes. Ils nous inquiétaient

Parole de terre

un peu, mais la présence à leur côté de gens de notre couleur nous rassurait. Les êtres humains qui nous ressemblaient étaient habillés comme les étrangers. Ils parlaient leur langue. Ils nous assuraient que les Blancs ne nous voulaient que du bien. Nous avions entendu parler de confrontation entre les Blancs et les gens de notre couleur. Le pays était parcouru de peur car les Blancs avaient des armes redoutables. Un jour, c'est vrai, un de ces hommes blancs a fait sortir le feu de son bâton et l'antilope s'est affaissée pour mourir. En voyant cela, nous nous sommes réfugiés dans nos maisons. Seul au milieu de la place, le Blanc a ri longtemps, en faisant beaucoup de gestes et en faisant éclater son bâton. Par la suite, nous nous sommes habitués à voir ces gens, mais ils nous inspiraient toujours de la crainte. Certains parmi eux n'avaient pas peur de la forêt. Ils disaient que leur dieu au nom duquel ils avaient quitté leur pays les protégeait. Nous savions que nos mœurs ne leur plaisaient pas et ils nous invitaient à en changer. Ils disaient que les ancêtres étaient sans importance et que seul leur dieu était le vrai Dieu. Je ne sais comment cela est venu, mais au bout de quelques années beaucoup d'hommes de notre couleur allaient vers eux. Certains des nôtres s'habillaient comme eux, adoptaient leur langage, leur nourriture, devenaient guérisseurs à leur façon.

Les choses allaient ainsi, et peu à peu nous avons appris que nos terres leur appartenaient et que nous-mêmes leur appartenions. Cela nous fut signifié un jour par un homme blanc accompagné d'hommes de notre couleur tous habillés de la même façon et tenant les bâtons qui tuent. Tous ceux de nos frères qui protestaient étaient emmenés et nous ne les revoyions jamais. Quant à ceux qui voulaient se battre, les bâtons les foudroyaient.

Alors, la peur et la résignation s'installèrent dans nos cœurs, la honte aussi parfois. Beaucoup de nos enfants apprirent leur langage et leur façon de voir le monde. Aussi étions-nous de plus en plus en désaccord avec nos propres rejetons. Nos enfants nous parlaient des pays qu'ils semblaient mieux connaître que leur propre pays. Ils nous parlaient de la gloire des Blancs, de leur grand savoir, de leur grand Dieu. Nous nous sommes résignés à n'être nous-mêmes que des ignorants. Chaque jour notre vie glissait comme une corde entre nos mains ensanglantées. Nos vieux ne mouraient plus de la même façon ; leurs yeux ne se fermaient plus sur leur vérité mais sur le doute. Pour la première fois, certains s'éteignaient en pleurant. Une chose encore : devant nos enfants, nous avions honte de faire ce que nos ancêtres nous ont appris : les cérémonies pour les mariages, les circoncisions ou les funérailles. Nous faisions encore résonner les tambours et le village s'animait de nos danses, mais ce n'était plus la même chose. Nos enfants commençaient à refuser de suivre nos manières.

Le temps a encore passé, les Blancs sont devenus les maîtres de nos esprits. Sur notre terre, ils ont bâti des maisons pour honorer leur dieu et des maisons pour abriter les chefs. Ces chefs étaient comme des rois. Ils nous disaient ce que nous devions faire et ne pas faire. Un jour, ils ont ordonné que tous les habitants mâles sortent sur la place du village. Le chef a choisi les plus vigoureux. Il nous a expliqué que ces hommes allaient être couverts de gloire en allant se battre pour leur terre mère, la terre des Blancs qui est loin mais qui veille sur nous et à laquelle nous devons le bonheur. Beaucoup de nos enfants ne sont jamais revenus. Ceux qui sont revenus nous ont raconté des choses terribles. Nous avons tous remarqué que leur regard, leur façon de marcher, leurs paroles et leurs esprits avaient changé. Certains étaient fiers de montrer des ornements donnés par les Blancs. Ils disaient que c'était le gage rendu à leur bravoure.

Nous étions ainsi comme dans une tempête où plus rien n'était à sa place. Plus rien n'a retrouvé sa place. Nos signes, nos paroles, nos gestes, nos coutumes devenaient objets de moquerie. Il est vrai que les Blancs faisaient parfois des choses qui dépassent notre entendement. Certains de nos enfants ont été arrachés par eux à la mort, ainsi se mêlait de la gratitude à notre méfiance.

De plus en plus relégués dans notre passé, nous avions la nostalgie du temps où tout était dans l'ordre établi par nos ancêtres. Les uns après les autres, ils l'avaient entretenu comme on entretient le feu qui éclaire la nuit et éloigne les animaux menaçants. Alors, nous avons renoncé, pensant que Dieu était favorable à tous ces bouleversements.

Ce changement des choses amena bien d'autres changements encore. Un jour sont arrivés des Blancs et des Noirs. Ils étaient devenus semblables. En regardant les Blancs, on voyait les Noirs et, en regardant les Noirs, on voyait les Blancs, plus rien ne les distinguait qu'un peu de peau. C'est comme si les uns avaient enfanté les autres.

Les Noirs vinrent pour nous dire qu'ils étaient envoyés par un grand roi pour ordonner les choses en faveur de notre vie. Déjà nos enfants tenaient le même langage qu'eux, nous parlant de cauris* de métal et de papier qu'ils appelaient « larzan ». Ils disaient que l'argent donnait la

---

* Cauris : coquillages utilisés traditionnellement comme monnaie en Afrique.

richesse. Il est vrai que nos enfants amenaient au village d'étranges choses façonnées par les Blancs et échangées contre l'argent que nos enfants avaient reçu en travaillant pour ces mêmes Blancs. Ces choses nouvelles nous inquiétaient. Nous doutions que certaines aient été faites par des mains humaines : des boîtes qui parlent, des ânes métalliques, des bracelets qui mesurent le temps*, de la lumière froide et captive que l'on peut faire jaillir à tout instant. Tout cela nous rendait muets. Pour continuer à honorer notre dieu et nos ancêtres, nous devions exclure de nos cérémonies nos propres enfants. Ils s'étaient éloignés de nos convictions. Certains disaient qu'ils nous avaient trahis, mais moi je pense qu'ils ont été entraînés par une grande force. Cette force a même arraché notre consentement à les laisser aller vers ces choses nouvelles. À présent, ils sont blancs et nous ne pouvons plus les initier à nos secrets. Nos ancêtres nous tiendraient rigueur de remettre nos secrets à des gens dont le cœur est habité de sentiments suspicieux.

Ainsi, notre groupe, qui n'était jusque-là qu'un seul corps, se démembrait. La substance qui le nourrissait s'écoule comme du sang invisible. Nous ne sommes plus qu'un tronc sans branche, qu'une souche sans lumière. Et nous,

---

* Bracelets qui mesurent le temps : montres.

les vieux, sommes devenus des greniers pleins dont le contenu n'est utile à personne. Car nos enfants n'ont plus faim de notre substance. Un monde nouveau les a dérobés, comme un voleur dans la nuit de toutes les somnolences. Chacun de nos vieillards est un œuf sans couveuse, fermé et silencieux sur une vie sans devenir. Les larmes que ne rejettent plus nos yeux s'égouttent à l'intérieur de nous en chagrins inutiles. Les rames de nos pirogues ont échappé à nos mains et les flots, en mouvement entre des rives incertaines, décident de notre destin.

Les Noirs blancs sont venus un jour avec des buffles de métal. Ils ont arraché des arbres en grand nombre et en quelques jours la terre se trouva écorchée. Sa chair rouge, celle que nos houes ne nous ont jamais révélée, fut exposée au grand jour, comme sur l'étal d'un boucher. Nous regardions cette terre et nous savions qu'elle souffrait. Mais nos fils, émerveillés, n'avaient qu'admiration pour tant de prouesses. Nos arbres géants furent démembrés comme des animaux les jours de fête, mais nous ne ressentions aucune liesse à les voir emportés par des mules bruyantes et fumantes. Un grand silence habitait le ciel que voilait naguère leur ramure. Ce silence devint un vide inquiétant.

Nos enfants revinrent des grands villages édifiés par les Blancs. Ils nous montraient de l'argent et disaient : « Voilà ce que sont devenus les arbres. Avec " larzan " gagné, nous pourrons acheter des objets utiles à notre village. » Ils apportèrent également de la nourriture inconnue de nous et des liquides dont certains ressemblent à du sang et font perdre la raison à ceux qui s'en abreuvent avec excès. De jour en jour, nos enfants devenaient avides. Les greniers satisfaits, la forêt pourvue de fruits et de gibier, les eaux poissonneuses, des vêtements pour les femmes et les enfants, et une maison ne leur suffisaient plus. Ils voulaient toujours des choses qu'ils n'avaient pas sans se réjouir de celles qu'ils possédaient déjà.

Le village, naguère gouverné par les saisons, par le lever et le coucher du soleil, par le jour et la nuit, fut saisi par la hâte. Les ânes métalliques fracassaient son silence, corrompaient son souffle, meurtrissaient ses sentiers. De plus en plus d'objets brutaux se mêlaient à la tranquillité de nos jours, changeaient la cadence de notre respiration. Semblables à des tambours à la peau déchirée, même les battements de nos cœurs n'étaient plus les mêmes.

Bien des années ont passé ainsi et nous savions tous que les Blancs nous dominaient, occupaient notre terre. Cela provoquait le ressentiment de certains habitants noirs des grands villages. Puis, nous avons appris que la liberté nous était rendue en même temps que notre pays. Nos frères des grands villages nous demandèrent de nous réjouir. Nous avons endossé des vêtements de cérémonie, sacrifié des animaux, allumé de grands feux pour les préparer. Les tambours, les chants, les danses remplirent longtemps la nuit. Pourtant, la joie qui animait les parents n'était pas semblable à celle des enfants. Nous autres ne savions pas pourquoi il nous fallait être joyeux, mais nos enfants, eux, le savaient. Ils ont essayé de nous expliquer, puis ils ont renoncé car nous ne comprenions pas leurs raisons. Notre vie tout entière était devenue incompréhensible pour nous-mêmes.

Peu de temps après, un homme de notre couleur vint nous dire qu'il fallait travailler pour préparer un large chemin à travers la forêt. Il nous dit que le très grand chef, père et maître de toutes les contrées, allait nous faire l'honneur de nous visiter. Nos enfants étaient heureux et inquiets à la fois, mais nous ne comprenions pas pourquoi. Tous les villageois, hommes, femmes confiant les enfants aux vieillards, se mirent à combler de pierres les trous, à aplanir les élévations, à couper les arbres et les broussailles. Nous nous demandions si le grand chef était un géant ou un homme de notre condition car sur le chemin que nous préparions cinq hommes pouvaient cheminer côte à côte. Ce travail a duré beaucoup de jours et nous étions tous fatigués. L'envoyé du grand chef nous fit des compliments et nous assura que le grand chef serait satisfait de nous. Le chemin taillé dans la forêt ressemblait à une scarification qui ne se cicatrise pas.

Depuis quelques années, nos enfants infligeaient à notre terre mille petites ou grandes blessures avec des créatures de métal. Notre terre ressemblait à un visage lacéré par la griffe et le fer, et le temps nous la rendait méconnaissable. Nos arbres s'en allaient de plus en plus vers un monde inconnu de nous. Le gibier, effarouché et sans abri, fuyait vers les profondeurs végétales et nous devions marcher de plus en plus longtemps pour le capturer.

Le jour que tout le monde attendait arriva enfin. On nous fit savoir qu'il fallait encore se préparer à la fête car le grand chef allait arriver. Nous avons nettoyé le village, nous avons lavé nos corps et nous avons endossé nos vêtements de cérémonie. Nous avons longtemps attendu. D'énormes insectes de métal aux yeux globuleux sont enfin arrivés sur le chemin que nous avions préparé. Nous avions déjà aperçu ces monstres qu'on appelle « looto », ils ne nous étaient pas inconnus, mais nous ne les avions jamais approchés. Leur bruit et la fumée qui s'échappait de leur postérieur nous étaient désagréables, mais nous les acceptions. Nous acceptions tout maintenant, car nos enfants admiraient toutes ces choses.

Du premier « looto », un homme de notre couleur, habillé d'étrange manière, est sorti. Sa tête était couverte d'un bonnet plat et ses yeux disparaissaient derrière un cache-yeux noir comme celui que portent certains de nos enfants. Bien des hommes étaient sortis des autres « looto ». Certains portaient des bâtons-feu. Ils étaient de notre couleur, tous déférents à l'égard du grand chef.

Nos enfants s'étaient rangés comme des piquets de clôture. Le grand chef s'est approché d'eux et a saisi leurs mains, les unes après les autres. Ils ont parlé dans la langue des Blancs. Bien que Noirs, leurs paroles, leurs vêtements, leur façon de marcher étaient ceux des Blancs. Le chef du village attendait sur son siège que le chef étranger honore le village en honorant son chef. Mais il lui fut signifié qu'il était bien petit en considération, comparé au chef étranger. Les hommes aux bâtons qui tuent le pressaient de se lever, nos enfants aussi l'invitaient à la déférence, disant qu'il s'agissait du chef de tous les chefs, du maître de toutes les contrées. La colère gagnait notre chef, mais nos enfants l'ont conjuré de ne pas se fâcher, que ce serait très grave pour nous. Le chef étranger s'est assis sur un siège couvert de cuir et d'ouvrages de grande beauté tissés par nos femmes. Il a fait des libations avec du lait que lui a offert notre chef. Puis il a pris la parole et il a dit : « Je suis venu vous voir pour vous annoncer un temps nouveau. Ceux qui nous avaient dérobé notre pays viennent de nous le rendre. Nous pouvons porter nos têtes hautes à présent. Mais notre joie ne doit pas nous faire oublier que c'est le travail qui donne la dignité et la prospérité. Les Blancs nous ont montré comment faire. Certains de nos enfants ont hérité de leurs secrets que nous pourrons répandre à travers tout notre vaste et beau pays. Des maisons seront construites en grand nombre pour les divulguer. Il n'y aura plus de tribus séparées les unes des autres, mais un seul et grand peuple dont je serai le roi. »

À ces mots, ceux qui accompagnaient le grand chef tapèrent des mains et nos enfants les imitèrent. Nous avons aussi tapé des mains, mais nous ne comprenions pas pourquoi. De plus, ce chef nous était mystérieux. Nous aurions aimé voir ses yeux, mais le cache-yeux le dérobait à notre regard. Le grand chef parlait fort et sa parole ne nous invitait pas à la concertation selon nos habitudes. C'était une parole orgueilleuse qui frappait les gens, les animaux, les arbres, les maisons et se perdait dans le lointain d'où elle nous était renvoyée encore avant de se dissiper. Les femmes, les enfants, les vieux et les jeunes, les animaux et même les insectes se taisaient. Le vent ne soufflait pas et les nuages dans le ciel ne bougeaient plus.

Le grand chef dit encore : « Il faudra que vous cultiviez la terre avec plus d'ardeur. Vous ferez pousser du coton et des arachides en grandes quantités car le pays a besoin de beaucoup de cauris pour vous assurer le bien-être et la prospérité, pour soigner vos enfants et rendre le pays fort parmi les autres pays. Avec les cauris, nous construirons de grands villages avec de grandes routes. Nos femmes n'iront plus chercher l'eau, c'est l'eau qui viendra à elles. Les maladies ne décimeront plus nos enfants car nous construirons des maisons où de savants guérisseurs sauront les soigner. Pour que notre pays ne connaisse plus la peur, nous achèterons aux Blancs leurs bâtons qui tuent, leurs rhinocéros, leurs terribles oiseaux de fer qui crachent le feu et la mort. Nous deviendrons un peuple puissant et respecté. Pour tout cela, votre travail est nécessaire. Notre terre est féconde, travaillez-la avec ardeur. Ne perdez plus de temps à des cultures de misère. Cultivez ce qui rapporte beaucoup de cauris. Des hommes au grand savoir viendront vous apprendre et vous aider à cultiver. Obéissez-leur, soyez soucieux de l'avenir de vos enfants. Travaillez sans cesse et une grande récompense vous sera accordée. »

Le grand chef a beaucoup parlé. Pour ne pas

manquer à la politesse, nos anciens ont écouté et approuvé, mais ils auraient aimé dire que ces paroles ne leur étaient pas compréhensibles car le village ne manquait ni d'eau ni de nourriture, même si le gibier s'était éloigné. Les jeunes étaient au contraire heureux de ces paroles. Ils levaient le poing et criaient ensemble. Leurs visages se froissaient, ce n'était pas de la colère, c'était comme s'ils considéraient le chef comme un esprit plus puissant que tous les esprits. Puis, les « looto » ont avalé tous les visiteurs et ils sont repartis sur le chemin que nous avions préparé. Nos enfants les ont accompagnés un moment en chantant dans la langue des Blancs et en levant le poing.

Semblable à des hommes perdus dans la forêt, chaque jour était un pas qui nous éloignait de nos demeures. Plus nous recherchions les sentiers qui sauvent, plus nous nous égarions. Nous savions avec certitude que plus rien ne serait comme avant. Chacun de nos anciens se préparait à mourir d'un étonnement silencieux…

Avant de continuer sa parole, le vieux Tyemoro garde longtemps le silence. Au loin, un âne s'est mis à braire. Des femmes passent à l'écart avec des charges sur la tête. Des enfants s'amusent au milieu du village, leurs cris et leurs rires remplissent le silence.

Tyemoro ferme les yeux, comme pour regarder dans les souvenirs qui habitent sa poitrine, son cœur, son ventre ou sa tête : il ne sait plus… Il dit parfois que sa vie s'est brouillée comme une mare traversée par des animaux turbulents. Le ciel ne se reflète plus en lui comme au temps de sa jeunesse. Il pense que des troubles aussi importants ont sûrement un sens qui peut-être lui sera révélé dans le temps qu'il lui reste en ce monde, ou ne lui sera pas révélé. Cela ne l'attriste pas, car à présent il accepte le sort. Ses mains ne se crispent plus, car nul ne peut assigner au fleuve ou au vent leur destination. Il a pris l'habitude d'éteindre avec résignation le ressentiment qui brûlait son cœur, car le ressentiment, semblable au feu à sa naissance, peut devenir incendie de colère et de discorde. Il dit parfois : « Je ressemble à une génisse à la mamelle trop pleine qui se hâte vers une étable où aucun petit ne l'attend. »

La poudre des Blancs

Les choses allèrent comme l'avait annoncé le grand chef, continue Tyemoro. Un jour, des étrangers de notre couleur sont venus, juchés sur des mules de métal. Ils étaient habillés comme des Blancs et portaient des cache-yeux. Ils nous ont dit que le grand chef les envoyait pour nous remettre des présents de grande valeur. Ils ont descendu des sacs de leurs mules. Nous étions tous curieux de savoir de quoi les présents étaient faits. Tous les habitants du village étaient réunis et tous curieux. Notre chef nous a demandé le silence et nous a ordonné de nous asseoir et d'écouter nos visiteurs avec politesse car ils avaient des choses importantes à nous dire. Alors l'un d'eux nous a parlé ainsi :

« Comme le grand chef, celui qui domine tous les chefs, le veut, nous devons tous travailler davantage, agrandir les champs pour que les récoltes soient abondantes. Pour cela, le grand chef nous a ordonné de vous donner de la poudre des Blancs*. La terre aime cette poudre, car, lorsqu'on en répand sur elle, les récoltes sont abondantes. Essayez-la sur les cultures que vous avez faites déjà et vous verrez que nous ne vous mentons pas. »

Nos visiteurs nous ont réunis sur une parcelle parmi d'autres semée de haricots pour nous montrer comment il fallait faire. Ils ont répandu la poudre et, avec une houe, ils l'ont mélangée à

---

* Poudre des Blancs : engrais chimiques.

la terre entre les rangées de haricots. Ils nous ont dit de continuer à abreuver la terre et d'attendre que les haricots soient accomplis pour mesurer tout le bien que la poudre allait leur faire.

Notre chef a chargé les visiteurs de remercier le grand chef et promis de distribuer lui-même la poudre à chaque famille. Nos visiteurs nous ont quittés en nous disant qu'ils allaient revenir dans une ou deux lunes.

Chaque jour, nous allions regarder les haricots de la parcelle. Au bout de quelque temps, nous avons reconnu que cette parcelle n'était pas comme les autres, les plantes y étaient plus vigoureuses. Au moment de la récolte, tout le village s'émerveilla car la parcelle nourrie de poudre avait donné deux fois plus. Les jeunes étaient encore bien plus heureux que leurs parents et nous ont expliqué que cette nourriture de la terre faite par les Blancs allait permettre au village d'être très riche. Pour recevoir sa bénédiction, les jeunes sont allés dire toutes ces bonnes choses à Naori, le doyen du village. C'était un homme très âgé, aveugle, dont les jambes n'étaient plus utiles. Il ne bougeait pas beaucoup de sa maison, disant que la mort saurait ainsi où le trouver. Il a écouté très patiemment les explications et a répondu :

« Ainsi, je me réjouis avec vous de ces bienfaits de Dieu, même si ce sont les Blancs qui nous les apportent. Je ne comprends plus ce qui se passe dans notre village. Ma tête ne parvient plus à suivre des changements aussi nombreux. Mais il faut accueillir tous les dons bénéfiques. Et puisque cette poudre permet de récolter deux fois plus, cela va alléger votre peine puisque vous pourrez vous contenter de cultiver la moitié de vos parcelles ! »

Ces paroles ont surpris les jeunes. Ils ont hoché la tête. L'un d'eux a voulu expliquer que, au contraire, il fallait cultiver plus, pour l'argent, mais le vieillard n'a rien compris. Il s'est enfermé dans un grand silence, comme pour demander pardon de ne pas comprendre. Il n'était déjà plus de ce monde. Et pourtant, aucun de nous n'avait été plus de ce monde que le vieux Naori. La forêt ne pouvait ni lui mentir ni le tromper. Il était le vrai fils du ciel et de la terre. Chaque arbre était son compagnon, les bêtes sauvages lui obéissaient et le poisson venait se prendre à ses filets. Il connaissait les plantes qui empoisonnent et celles qui guérissent. Il pouvait, sans crainte ni des esprits ni des animaux aux dents et aux griffes acérées, rester seul de jour et de nuit au plus profond de la forêt. Lorsque nos enfants ont commencé à couper les arbres, Naori a beaucoup protesté et puis, peu à peu, il s'est tu, en même temps que ses yeux se sont mis à s'éteindre comme le soleil à la fin du jour, et tout le monde savait que Naori souffrait beaucoup. En lui parlant de la poudre des Blancs, nos enfants ont voulu le consoler un peu, lui demander pardon, mais pour lui la terre était mise à mort et il voulait mourir avec elle le plus tôt possible.

Il mourut trois jours après la visite des jeunes et chacun a pu être témoin que cette mort ne fut pas ordinaire. Naori était un homme racine et nous savions, dans le secret de notre cœur, que les temps anciens étaient à jamais révolus. Les oiseaux dans le ciel, les animaux sur la terre et les arbres, tous semblaient orphelins et pleuraient. Oui, ils pleuraient à leur façon. Nous savions tous qu'ils pleuraient. Même les enfants n'étaient pas comme d'habitude. Leurs certitudes un peu arrogantes s'étaient éteintes ce jour-là. Les gens voulaient se parler mais n'y parvenaient pas. Nous avons rendu Naori à la terre. Il est redevenu fœtus afin d'être réenfanté dans un autre monde. Nous pleurions de n'avoir pas recueilli le contenu de sa mémoire. Nous savions que cette mort rompait par le milieu l'arbre de notre tradition, de notre communauté.

Les hommes qui nous avaient apporté la poudre des Blancs sont revenus. Notre chef leur a dit :

« Nous n'avons pas été trompés par vous, votre présent a tenu ses promesses et nous avons en effet abondamment récolté. Chaque famille

Parole de terre

pourra, à la prochaine saison, profiter du pouvoir de la poudre. Nous avons cependant un litige à dissiper car certains disent que cette poudre soulagera nos peines en réduisant la taille de nos champs pour la même récolte et d'autres, surtout les jeunes, nous exhortent à l'utiliser abondamment sur toutes nos parcelles et même d'agrandir nos parcelles. Est-il juste d'avoir plus que nos greniers de deux ans de prévoyance ne peuvent contenir ? La surabondance n'est-elle pas contraire à la raison et n'exposons-nous pas la terre à dilapider son lait comme une nourrice folle ? »

Nos visiteurs ont répondu :

« Avez-vous déjà oublié les propos du grand chef ? Il a dit de cultiver abondamment pour gagner des cauris pour la prospérité de notre pays. Il ne faudra plus vous contenter de cultiver pour votre seule nourriture. Le grand chef vous envoie des semences nouvelles de coton et d'arachide, il vous demande de les cultiver sur de grandes parcelles. »

Comme pour la poudre, les sacs de semence ont été remis au chef de notre village qui remercia et promit de les distribuer. Cette fois, l'un des visiteurs est resté au village durant plusieurs lunes selon les recommandations qui lui avaient été faites par ses maîtres. On nous dit que son savoir nous aiderait à cultiver de la bonne manière. Nos enfants étaient heureux de la présence d'un homme au grand savoir. Ainsi a-t-il mis dans leurs têtes de bonnes résolutions. Des buffles de métal, appelés « trator », sont arrivés et toutes sortes de créatures étranges, bruyantes et malodorantes. Nous avons vu pour la première fois, tenu par l'étranger, une sorte de chien hargneux* grognant et mordant férocement les pieds de nos arbres et répandant un peu de leur chair. Après cela, les arbres si grands soient-ils geignaient et, abandonnant à jamais le ciel, se couchaient pour mourir. Toutes ces créatures effrayaient les anciens et enchantaient les jeunes. Elles s'abreuvaient d'un liquide dont l'odeur nauséabonde se répandait dans tout le village et nous incommodait.

Des dizaines de lunes se sont écoulées et nous nous sommes habitués à tous les bouleversements. Notre terre ressemblait à un animal qu'un sacrificateur écorche. Sa toison lui était arrachée chaque année un peu plus, et le soleil dardait ses rayons sur sa chair dénudée. L'ombre qui naguère abritait nos pas s'était dissipée. Le feu, les hommes et les créatures de métal la ravageaient, répandaient ses viscères. On lui demandait de donner toujours plus de coton, toujours plus d'arachides. Elle était gavée de poudre des Blancs. Chaque récolte outrepassait la précé-

---

* Chiens hargneux : tronçonneuse.

Parole de terre

dente. Les plantes étaient souvent malades et devenaient la proie d'innombrables insectes. Alors les hommes du grand chef nous ont appris à tuer les insectes avec des poisons épandus sur les plantes. Ces liquides empoisonnaient parfois nos animaux et même certains hommes étaient troublés par leur usage. Un jour, un homme maladroit a laissé tomber ces poisons dans la rivière et de nombreux poissons périrent. Les hommes du grand chef emmenaient nos récoltes de coton et d'arachides et nous donnaient des cauris de papier et de métal. La poudre, les semences et les poisons ne nous étaient plus offerts, mais échangés contre des cauris. Chaque année, la récolte devait nous rapporter des cauris que nous donnions pour obtenir la poudre, les semences et les poisons. Le travail demandé par le coton et les arachides ne nous laissait plus de temps pour cultiver notre nourriture. Seules quelques vieilles femmes continuaient à faire pousser un peu de haricots, d'oignons, de gombos ou d'ignames sur de petites parcelles. Nos enfants ont appris à échanger, dans les grands villages, l'argent contre de la nourriture. Mais bientôt les cauris ne suffirent plus car la poudre, la semence et le poison nous coûtaient trop. Beaucoup de choses coûtaient trop : les boîtes qui parlent, les bracelets pour mesurer le temps, les ânes de fer et tous les objets qu'on utilise pour les nouvelles cultures

Jamais le village n'avait autant travaillé et jamais il n'avait autant manqué de ce que la nature nous recommande. Notre sueur se déversait dans une barrique percée et notre estomac n'était plus honoré des biens que la nature lui offrait naguère à profusion.

Il advint aussi que les semences que nous prélevions sur nos récoltes n'étaient plus fécondes. Beaucoup d'entre nous eurent de mauvaises récoltes. Nous nous en sommes ouverts à l'homme qui nous prenait nos récoltes et nous pourvoyait en semence. Il nous a dit : « Ces semences ne peuvent engendrer qu'une fois, mais abondamment. » Cela nous a étonnés car les semences que nous avions eues de nos pères depuis les temps les plus reculés n'avaient jamais eu ces défaillances. Cela nous contraignait à nous en procurer chaque année de nouvelles contre des cauris. Une inquiétude nouvelle s'ajouta à nos autres tourments et fit naître en nous un sentiment cupide à l'égard de la terre. Alors qu'elle nous allaitait comme une mère de substances vivantes pour nos propres vies, nous lui demandions d'être prodigue pour avoir toujours plus de cauris à donner pour avoir des objets inutiles et rétribuer ceux qui nous procuraient poudre, poisons et semences. Nous comparions nos récoltes et étions jaloux et envieux les uns des autres. Certains devenaient faibles et d'autres forts par les cauris. Un homme debout au milieu des champs ne pouvait considérer à perte de vue que des plants de coton et d'arachides.

Les arbres sont devenus nos ennemis. Nous leur avons interdit de croître pour ne pas gêner les « trators » qui venaient de temps en temps griffer nos parcelles contre rétribution. Parfois, les « trators » étaient comme malades, affectés de paralysie. Des sortes de guérisseurs venaient les ranimer, mais beaucoup restaient immobiles à jamais et se décomposaient lentement au cours du temps.

Certains d'entre nous ne pouvaient plus payer ni poudre ni semence ni poison. Les semences nouvelles exigeaient d'être abondamment abreuvées par des cracheurs d'eau et nos puits ne suffisaient pas toujours. Plus leurs parcelles grandissaient et moins ils pouvaient payer. Les hommes du grand chef leur ont tout pris pour honorer les dettes contractées. Le malheur s'est mis à frapper. Les anciens ne disaient plus rien.

Un jour, mon cousin Sanisi est revenu de la chasse. Son visage était pétri de colère et de souffrance. Sur notre insistance, il a parlé et nous a dit qu'il ne pouvait plus aller chasser car il trouvait de plus en plus de créatures tuées inutilement. Il avait vu des éléphants morts et pourrissants, tués par des hommes convoitant leurs grandes dents. Il avait vu des créatures dépecées.

Il avait appris que les dents et le pelage valaient des cauris. Sanisi ne comprenait pas pourquoi ces animaux, compagnons de notre destin, devaient servir à gagner des cauris, alors qu'ils sont nécessaires à notre nourriture et cheminent avec nous sur la route de la vie. Sanisi s'est mis à crier :

« Pourquoi tant de carnage, pourquoi tant d'arbres abattus, tant de créatures tuées, pourquoi notre terre écorchée ? Le soleil n'a-t-il pas honte de nous éclairer ? Nous aimions notre terre, sa forêt, son eau, ses créatures. Nous voici devenus pillards de notre propre maison, pillards de notre propre bien. Mes enfants se rebiffent contre mon cœur. Pour eux, je suis d'un temps qui doit mourir. Ils ne me le disent jamais, mais je sais que tel est leur sentiment, tel est le sentiment de tous nos enfants. Leurs entrailles, leur cœur, leurs pensées, leurs rêves ne sont que de cauris. Ils sont allés dans des maisons pour apprendre la langue des Blancs. On les a convaincus de nous rejeter, de rejeter le passé de leurs ancêtres. À présent, ils ne sont ni blancs ni noirs. Ils ne portent plus la torche des ancêtres pour éclairer leur chemin et à la lumière des Blancs se mêle beaucoup de fumée. Et moi, chasseur depuis mon enfance, chasseur et fils de chasseur, j'ai maintenant peur des animaux morts plus que des vivants. J'ai appris à ruser avec leur force, avec leur rapidité, et je savais que cet ordre des choses venait de Dieu. Dans l'éclair de l'œil, la promptitude de la griffe ou de la dent, il y avait une balance entre la vie et la mort. J'ai appris la patience de l'embuscade, la perfidie du vent divulguant les odeurs. Chasseur, fils et petit-fils de chasseur, je savais la joie de mes triomphes comme la gloire de l'animal qui sait déjouer les ruses. Avec la chair des animaux, nous honorions la volonté du Grand Ordonnateur. Leur force devenait, à travers notre corps, la force de tout ce qui vit, et la saveur de leur chair un message heureux et sans parole. Nous-mêmes étions dans la grande danse de l'éternité, recevant et donnant, donnant et recevant. Notre propre chair n'était pas nôtre mais celle de l'arbre, des autres créatures, tous enfants de la terre. L'animal sacrifié nous réunissait dans la liesse, ainsi était-il plus qu'un animal, et le sang se déversant était promesse de renaissance. La peau, la corne, la chair, les os, les entrailles de l'animal n'étaient jamais perdus. À présent, des animaux entiers dépouillés de leurs seules dents, de leur seul pelage se corrompent. Cela n'est point dans l'ordre des choses. J'ai même appris par quelqu'un du grand village que des Blancs tuaient des créatures pour se divertir. Ils ont des bâtons qui portent la foudre très loin et l'animal reçoit une mort sans visage. Ces chasseurs offrent à l'admiration de leurs semblables des images exaltant leur courage et leur force, le pied triomphant sur la dépouille de leur victime. Que savent-ils du lion, de l'éléphant ou de la panthère, excepté une créature lointaine et vivant hors de la portée du vrai courage ou bien ensanglantée et gisante, foudroyée par l'orgueil ? »

Sanisi a beaucoup parlé, il s'est vidé de sa colère. Nous l'avons tous écouté en silence. Ses paroles ressemblaient à la tempête, et nos têtes se courbaient comme les ramures des arbres. Depuis ce jour, Sanisi est entré dans le clan des silencieux, de tous ceux que les temps nouveaux rendaient muets. Son arc, ses flèches, sa lance sont restés accrochés aux murs de sa maison avant de le rejoindre dans sa sépulture.

C'est en ce temps que beaucoup de nos plus jeunes enfants sont partis vers le grand village. Beaucoup ont endossé des vêtements tous semblables et ont appris à faire éclater les bâtons qui tuent. D'autres sont devenus gardiens du grand village, d'autres encore se sont habitués à rentrer tous les matins dans des maisons et n'en sortir que le soir. On les disait intendants des temps nouveaux. Non loin du village a été édifiée une nouvelle et très grande maison où nos petits-enfants, à l'âge de l'initiation, sont allés apprendre à mieux tracer la parole. Ils pouvaient ainsi, sur les feuilles d'un arbre inconnu, mettre de la parole comme l'avaient fait leurs pères. Certaines de nos filles ont également appris tout cela. On disait que ceux qui savaient le mieux l'usage de ces choses pouvaient devenir de grands personnages avec une grande autorité et recevoir beaucoup de cauris. Plus nos enfants et petits-enfants apprenaient ces choses et plus nous nous sentions ignorants. Ils ne nous disaient pas : vous êtes ignorants, mais nous savions par leurs gestes et leurs regards que tel était leur sentiment.

Lobi, notre griot, refusait de parler en présence des gens qui savent tracer la parole. Et pourtant, sans lui, aucun de nous, jeunes ou vieux, ne pouvait conter l'histoire de notre communauté. Lui savait qui avait engendré qui, depuis le temps où notre communauté n'était qu'un fœtus. Il était la dernière mémoire des gens de la parole articulée. Chaque génération avait eu un homme-mémoire, et chaque homme-mémoire avait remis avec patience son savoir à un plus jeune. Ce jeune devait faire montre de profondeur et de silence attentif, de respect et de modestie.

Tambour dans la nuit

Lobi était aussi l'homme du tambour dans la nuit. Sa parole se mêlait à la voix de la membrane sonore. Les percussions projetaient la parole articulée, la faisaient pénétrer dans les oreilles d'où elle allait vers l'estomac, la poitrine et le cœur. Nous écoutions cette parole assis autour des grands feux. Ainsi le passé faisait irruption en nous et nous savions que le temps n'avait jamais été rompu entre notre lointain passé et nous. Chacun de nous se sentait grain du même chapelet, semence de la même germination. Lobi nous disait l'unité des choses et dressait l'arbre avec ses rameaux de lignées. Il disait les alliances avec les vivants et les morts. De la prolifération de notre espèce, hommes et femmes, est née une âme commune, habitant le même édifice, les murs de l'édifice étant la terre et le ciel sa toiture. Le sol était représenté par toutes les créatures présentes à nos côtés mais libres de nous. Parmi elles, les mobiles et les immobiles, celles de l'eau et celles de l'air, celles de la lumière et celles de l'obscurité. L'édifice était en nous et nous étions dans l'édifice, rien ne pouvait nous désunir. Ainsi nous apparaissait l'ordre des choses, mais lorsque nous considérions la vie nouvelle, plus rien ne nous paraissait à sa place. Nous avons admis complètement le nouvel ordre. Certains se sont mis à exhorter avec force leurs enfants à bien apprendre à tracer la parole, à leur dire que les Blancs étaient porteurs du salut et de l'avenir. Pour éclairer leurs esprits, un groupe d'hommes et de femmes ont consulté le chef Toubou.

Le chef Toubou occupait la place suprême parmi nous, c'est à lui que l'Ordonnateur a remis les clefs de l'harmonie de notre communauté. Il était le père-mère qui veille sur le sommeil de notre clan. Sa maison était isolée sur une terre élevée. Son regard pouvait se porter au loin et aussi sur le village tout entier. Il n'était pas en ce lieu pour nous prémunir de l'ennemi du dehors, mais de celui du dedans. Cet ennemi n'a ni visage ni armes dans les mains, il n'a pas d'apparence. L'ennemi du dedans chemine dans l'obscurité et pénètre dans les poitrines et les viscères. Il ensemence la respiration de graines de ressentiment ou de jalousie. C'est alors que l'homme peut frapper la femme, ou bien l'homme insulter l'homme. La parole devient esprit du serpent, le regard celui du chacal. C'est alors que notre chef Toubou doit chasser ces esprits. S'il n'est pas assez diligent, ces esprits prolifèrent et le village peut être saisi de démence et s'infliger à lui-même des blessures de sang ou des ablations par la mort.

Toubou régissait les terres et donnait à chaque famille la parcelle qui lui revient. C'est dans le secret de son sommeil que lui sont inspirés les ordonnancements et nul ne peut contrevenir à ses décisions. Toutes les cent vingt lunes, il endossait des vêtements que seule la pluie devait purifier. Un bâton à la main, il faisait un long chemin circulaire durant un dizième de la durée du jour. De cette façon, le bois sacré était circonscrit. Nul ne devait pénétrer en ce lieu clôturé par les pas et la volonté du mage suprême et rendu aux esprits constructeurs. Ceux qui transgressaient cette recommandation étaient punis de façon mystérieuse ; drame, folie ou même la mort de l'un d'eux ou de leurs proches les frappaient. Pendant la durée de l'interdit, les animaux, les plantes remèdes et les fruits sauvages redevenaient abondants. Ainsi chaque génération était assurée de ne pas manquer de la salive nourricière de la terre rajeunie, ni du lait de ses mamelles à nouveau pleines.

Toubou était le tisserand chargé du destin de toute notre communauté. Il devait sans défaillance mêler la trame du ciel à la chaîne de la terre. Il devait renouer les fils rompus, veiller sur les couleurs, user de la rigidité pour mieux servir la souplesse. Reclus dans le silence, son regard pénétrait l'inconnu et ses oreilles entendaient des messages que nul autre ne peut entendre. Désigné par son devancier depuis sa jeunesse, il s'était exercé à la frugalité sauf les jours de célébration funèbre, de circoncision ou de l'initiation des guerriers. La frugalité entretenait en lui l'appel inassouvi à la satiété, il était l'arc tendu entre le

Parole de terre

monde des hommes et celui de l'ailleurs. Il ne devait approcher la femme que toutes les vingt-trois lunes. D'autres restrictions étaient imposées au chef suprême afin qu'il ne puisse jamais s'assoupir.

Au jour des grandes célébrations, le chef Toubou enseignait le clan rassemblé. Il expliquait les grandes lois sur lesquelles se fonde l'architecture du monde, comment l'eau et la terre engendrèrent le souffle et comment le soleil naquit de ses propres rayons. Nos enfants réfutaient respectueusement l'enseignement de Toubou, disant que la terre n'était point une vaste embarcation plate flottant sur les eaux, issue de la matrice initiale et de la première parturition, mais une calebasse ronde suspendue et tournante comme les Blancs le leur avaient appris. Ces contradictions n'ont jamais fâché Toubou, mais il s'était retiré lui aussi un peu plus dans sa réclusion.

Ainsi donc, le groupe d'hommes et de femmes arriva à la maison de Toubou et s'accroupit devant sa porte. À leurs questions sur ce qu'ils devaient faire, il répondit :

« On ne peut faire vivre dans le même enclos le lion et l'antilope. Comment pourrions-nous marier notre savoir aux savoirs des gens d'un pays que l'on dit très lointain, où la chaleur du soleil est dominée par le principe du grand froid ? Ce monde nous est inconnu. Ces hommes à la peau blanche, aux yeux et à la toison de couleur étrange, doivent être inachevés ou encore à l'état larvaire comme l'atteste leur blancheur. Ils ne sont point accomplis comme nous le sommes, mais le temps parachèvera leur transformation lorsque, du monde souterrain d'où ils sortent, le soleil aura noirci leur peau. Leur esprit est maître des métaux qu'ils pétrissent à leur gré pour en faire des créatures qui marchent, qui volent, qui nagent, qui mordent. Nous ne voyons jamais déféquer ces créatures, mais contre elles les arbres puissants ne peuvent se défendre et les siècles qui font leur âge sont abolis dans l'instant. Leurs groins, leurs mandibules arrachent la terre par grosses bouchées. Un homme très frêle peut les commander avec de petits gestes. Le vent qui s'échappe de leurs intestins corrompt le souffle qui pénètre notre poitrine. Ainsi les Blancs exaltent ce que recèlent les entrailles de la terre : le métal, les liquides nauséabonds, les cailloux et les vents qui brûlent. Avec ces forces de l'obscurité et du grand sommeil, ils engendrent de puissants génies. Ce qui vit sur terre les intéresse moins que ce qui gît dans les profondeurs. Avec ce qui est inerte sous terre, ils tourmentent et corrompent ce qui est animé par l'esprit du Grand Ordonnateur. Regardez ce que notre pays est devenu : une terre dénudée, un grand troupeau d'éléphants ne l'aurait pas meurtri de cette façon.

Parole de terre

L'eau du ciel emporte la terre vers les ruisseaux, les ruisseaux la saisissent et la conduisent à la rivière et le fleuve la dérobe pour ne plus jamais la restituer. Cela arrive parce que la terre n'a plus ni toison ni peau. Déjà son ossature apparaît par de nombreuses déchirures. Peut-être est-elle mourante, peut-être est-elle morte déjà.

« Je n'ai rien à vous dire sur la conduite que vous devez avoir à l'égard de vos enfants. Peut-être faut-il accepter leur égarement… Peut-être ne sont-ils pas égarés… Ce que l'Ordonnateur ne veut pas ne se fait pas et ce qu'il désire se fait. Certains pensent que les Blancs noirs nous apportent de bonnes choses pour notre vie. J'ai longuement échangé avec un homme important du grand village. Il est venu me demander de vous convaincre de ne pas résister aux prescriptions nouvelles et d'envoyer vos enfants en grand nombre dans la maison où on apprend à tracer la parole. Il vous demande de travailler beaucoup pour la prospérité du pays et pour rétribuer les éducateurs de vos enfants. Sa parole n'était pas pure, elle était mêlée de menace. Je lui ai dit que nous avions beaucoup travaillé et que le grand village nous prenait notre terre, notre travail et à présent nos enfants. Dans le grand village, les maisons s'élèvent haut, c'est le pays des hommes-termites. C'est le pays gouverné par la hâte. Les hommes s'y meuvent sur une cadence qui n'est point de notre temps. J'ai vu cela en visitant la maison du fils de mon fils. Son épouse aussi va tout le jour dans la maison où l'on gouverne. Dès le matin, les hommes, les femmes, les enfants, tous regardent les bracelets qui mesurent le temps et parfois en les regardant ils sursautent comme piqués par des araignées venimeuses et s'en vont en courant, disant que le temps leur manque ! Et pourtant, le tambour de leur cœur et le soufflet de leur poitrine les invitent à être paisibles. Les saisons, le soleil, la lune, les plantes, les animaux changent-ils de cadence ? Et pourquoi ces hommes ont-ils créé la hâte ? Dans ces grands villages, ils sont innombrables et l'on rencontre trop de visages inconnus. J'en saluais quelques-uns sans recevoir de réponse à mon salut. Pourquoi ont-ils créé la pullulation ? Dans leurs maisons désertes tout le jour, ils ont bien des choses étranges : des boîtes où le froid est captif, des boîtes où l'on voit les gens se mouvoir, se parler, se disputer ou copuler. Des libellules de métal pour faire du vent comme des éventails. Et lorsque la nuit s'étend sur le monde, ils la repoussent de chez eux avec des torches sans feu ni fumée. J'ai vu tout cela et bien d'autres choses... Mais pourquoi se plaindre ou s'étonner ? Certains parmi nous ont recommandé à leurs enfants de ne pas fatiguer leurs bras ni souiller leurs mains avec la houe et la terre. Ils leur disent de garder leurs forces pour être plus habiles à tracer la parole et pour mériter ainsi beaucoup de cauris. Cela fait leur fierté et ils disent : « Voyez comme mon fils est considérable. Il habite au grand village et vient nous visiter dans son " looto " et nous apporte des présents et nous pouvons être fiers de sa victoire. Les habitants ont pour lui beaucoup de déférence. »

Le fils de mon fils m'a expliqué qu'une partie de l'argent gagné avec le coton et les arachides est donné aux Blancs en échange de leurs créatures de métal et de beaucoup de bâtons-feu. J'ai vu un jour, sur un grand terrain dénudé au milieu du grand village, des hommes en grand nombre couverts de vêtements tous semblables marcher du même pas sur la cadence donnée par des tambours. Leurs corps étaient rigides et seuls leurs jambes et le bras qui ne tenait pas le bâton-feu gardaient encore un peu de mouvement. Ils ont planté en terre un grand mât, et un homme s'est mis devant eux pour crier. Ces cris les faisaient bouger tous ensemble comme si leurs jambes, leurs bras, leur tête étaient attachés les uns aux autres par une corde invisible. Aucune parole ne sortait de leur bouche, leurs yeux étaient ouverts mais ne regardaient rien, ils étaient comme des aveugles, leurs visages n'exprimaient ni joie, ni peine, ni colère. Ils ressemblaient à des morts pouvant encore se mouvoir. Sous l'injonction de l'homme qui crie, ils ont porté la main à leur tête comme si une douleur soudaine les avait saisis en même temps, ils frappaient également leurs cuisses et les bâtons-feu. Un homme a soufflé dans une flûte luisante et très sonore et un autre a tiré sur une corde au pied du grand mât. Un tissu de couleurs s'est mis à gravir le grand mât. C'est par dévotion à la toile de couleur que les hommes se comportaient de cette étrange façon. J'ai demandé si cette toile était la relique d'un grand ancêtre. Mais j'ai vu dans les yeux des gens qui m'entouraient que ma question les amusait.

« Ce jour-là, le chef suprême a parlé et il a dit que nous devions tous être prêts à mourir pour la toile colorée car elle figurait notre pays. Je ne comprenais pas, mais n'osais pas demander des éclaircissements à mes voisins, de peur de leur moquerie. Le chef suprême a parlé longtemps et les gens en l'écoutant criaient de satisfaction et tapaient sans cadence de leurs mains. Cela faisait le bruit de la pluie d'orage sur les toits des maisons. Certains disaient dans le secret que le chef suprême n'était pas celui qu'il fallait et qu'un autre serait plus souhaitable. Ceux qui avouaient ce sentiment étaient emmenés par des gardiens du grand village et enfermés dans des maisons aux murs très solides. Une vieille mère disait n'avoir jamais depuis longtemps revu son enfant retenu dans l'une de ces maisons.

« J'ai fait part au fils de mon fils de mon étonnement de voir échanger les cauris gagnés à la terre contre autant de bâtons qui tuent. Il m'a dit que notre vie dépendait de notre habileté à tuer car les gens des pays voisins pouvaient menacer notre terre, nos enfants, nos femmes et nos biens. Il m'a dit que les autres pays faisaient comme le nôtre : ils avaient aussi beaucoup de bâtons-feu. En certaines contrées, des batailles ont eu lieu entre clans et tribus. Beaucoup d'hommes, de femmes, d'enfants et de vieux sont morts en ces circonstances. Il m'a dit que, chez les Blancs, ces batailles entre tribus avaient décimé par le feu et les poisons d'innombrables êtres humains. Je lui ai demandé si partout les gens demandaient à la terre de la vie pour en faire de la mort. Il a souri et m'a répondu que c'était en effet un peu comme cela.

« Il m'a beaucoup fait déambuler dans son " looto ". Au début, je n'osais pas m'introduire dans le ventre de cette créature, de peur de n'en plus ressortir. Nous allions parfois de si vive allure que mes yeux ne pouvaient rien considérer car tout s'enfuyait comme en un torrent furieux. Cela m'était très désagréable, mais peu à peu je n'ai plus eu d'appréhension et j'ai accepté cette chose et toutes les autres choses échappant à mon entendement. À présent, je n'ai plus rien à dire, je suis le dernier grain du long chapelet des hommes de l'harmonie. Je n'ai plus de litige à dissiper, ni de terre à administrer selon les prescriptions du Grand Ordonnateur. Il n'est plus dans nos enfants un seul qui ne porte le trouble. C'est pourquoi ils ne peuvent recevoir la charge qui m'incombait. Peut-être sommes-nous comme des voyageurs égarés dans la forêt. Ce temps nous demande de nous arrêter pour réfléchir. Car un chemin doit exister, cela ne peut être autrement. Si aucun chemin n'existait, cela signifierait que tout doit mourir. Mais je ne crois pas au triomphe de la mort, elle a besoin de la vie. Si la vie est anéantie, la mort meurt à son tour.

Sécheresse

« Chacun se souvient de ce temps encore proche où la pluie avait refusé de se répandre sur les semences. Aucun de nous n'avait failli. Nous avions, de nos houes et avec la force des animaux, fouillé la terre. Les hommes avaient accompli leur devoir, mais le ciel semblait les ignorer. Nous le regardions sans y trouver de nuages. Nous regardions la terre assoiffée sans rien pouvoir pour alléger sa souffrance. Dans nos mémoires saisies de trouble, la terre de nos ancêtres s'était anéantie. Il n'est plus à présent, aussi loin que le regard peut porter, qu'une peau couverte de lèpre.

« Nous n'avions pas compris cette terrible absence de l'eau du ciel, ce vent de poussière et ce soleil courroucé, plus brûlant que jamais. Une première semence ne nous a donné que des plantes malingres et stériles, il en fut de même des autres semences. Avec la nouvelle façon de cultiver des plantes pour l'argent, nous n'avions plus rempli les greniers de prévoyance. Ainsi, nos greniers vides, nos mains sans rien à échanger contre de la nourriture, nous n'avions rien à donner à nos enfants. Les troupeaux s'égaillaient à la recherche de brins d'herbe dispersés sur une terre desséchée et soulevée en poussière par leurs pieds. Nous nous demandions : qu'avons-nous fait pour mériter de telles calamités ? J'ai moi-même sans cesse interrogé mes songes. Peut-être avons-nous fâché ceux qui entretiennent le grand chaudron de la vie dans le monde invisible.

« Nous n'étions pas les seuls affectés : de vastes terres avec des hommes et des animaux innombrables l'étaient aussi. Il y eut alors comme un torrent de tourments. La terre se divisa en fentes jusqu'à l'infini, les animaux la parsemaient de leurs cadavres. Les arbres privés de sève sont morts en grand nombre. Des hommes, des femmes, des enfants moururent aussi. Ceux que la mort épargnait s'en allaient sur des chemins d'errance quêter le moindre signe de vie, dans l'incertitude et l'attente du miracle. Leurs yeux ornaient leur visage d'une lumière noire et douloureuse. Tout était décharnement : la terre, les animaux, les hommes, les arbres. L'eau se réfugiait dans les puits les plus profonds, les autres se tarissaient les uns près les autres. Les marigots asséchés n'étaient que de la glaise durcie comme une vieille écorce. Pour conjurer ce grand malheur, nous avons fait de nombreux sacrifices et des libations sur les autels et les sanctuaires. Rien n'a pu arrêter la tourmente... »

Ainsi, reprit Tyemoro, le maître de l'harmonie lui-même ne pouvait plus comprendre le sens des choses. Il s'est alors retiré comme les autres dans le silence pour attendre le grand voyage.

En ces circonstances, des hommes blancs et noirs sont revenus avec des mules de métal chargées de graines. Ces graines étaient destinées à nous sauver de la mort. Certaines étaient inconnues, mais la faim eut raison de notre réticence. Nos femmes les ont fait bouillir en y ajoutant quelques plantes et un peu de graisse. Cela a soulagé notre souffrance sans nous procurer de satiété, et nous restions tous très affaiblis.

Beaucoup d'autres Blancs et Noirs sont venus

Parole de terre

pour nous secourir et nous apprendre à ordonner notre vie. Les uns creusaient des puits. Ils édifièrent de grands murs en travers des rivières. Certains sont venus nous dire de travailler pour reconquérir la prospérité. Nous nous sommes souvenus du temps où d'autres comme eux nous avaient dit la même chose pour gagner les cauris. Notre sueur, notre terre, notre eau, nos arbres, nos animaux, nos enfants n'ont servi qu'à la prospérité des grands villages et des hommes-termites. Beaucoup de gens tenus pour généreux sont venus de toutes les contrées du monde pour nous aider. Nous savions qu'une grande part de leur prospérité était faite des biens dont ils nous avaient dépouillés. Ainsi les pères et les mères boutent le feu et les fils et les filles prétendent l'éteindre. Nous savons que ce feu ne peut être éteint par d'autres. C'est à nous qu'il appartient de le faire, car il s'agit de notre terre et de nos vies. Les récriminations et les rancunes ne peuvent rien.

Pendant longtemps nous avons pensé que les secours des gens venus d'ailleurs nous sauveraient. À présent nous savons que tout cela mêle le trouble à la générosité. Les uns se préoccupent de leur dieu qu'ils disent le meilleur, les autres nous parlent d'hommes à la pensée considérable. Ils nous assurent qu'en écoutant ces hommes notre chemin sera illuminé. Dans le même temps les uns nous parlent de leur fraternité et leurs bonnes dispositions de cœur, les autres continuent, en sous-main, à traire notre terre comme une femelle zébu. Nous savons que le tarissement est proche ; des richesses immenses en cauris se sont répandues de par le monde comme le sang et les viscères de notre terre. Cela profite à des Noirs et à des Blancs bien peu nombreux et laisse la multitude sur des terres désolées. Nos yeux se sont ouverts mais un peu tard.

À présent, notre avenir est entre nos seules mains. Nous devons pousser nous-mêmes la pirogue dans le fleuve et aller contre le courant de l'eau pour essayer de retrouver un peu de notre vie. Cela nous demandera tout notre souffle et celui de nos femmes et des enfants qu'il nous reste. Nous ne pouvons demeurer entre la vie et la mort, et le temps est venu de guérir ou de rejoindre le principe éternel…

Après ces paroles, Tyemoro ne semble plus vouloir en ajouter d'autres. Il pousse un léger soupir. Ce soupir n'exprime ni la souffrance, ni le regret, ni la nostalgie : c'était comme un point de clôture, très simple, sans ambiguïté. Je comprends que mon ami veut que je m'en aille. Son regard semble cependant m'inviter à la patience et sous-entend qu'une suite sera donnée ultérieurement, lorsque la source aura de nouveau alimenté le puits.

Je quitte donc le vieillard après un bref serrement de mains. J'aime cette façon qu'a mon ami de saisir mes mains entre les siennes et de les retenir un long instant. Il se dégage de cette étreinte à la fois de la force, de la chaleur et de la paix. C'est comme si le temps et toute l'histoire se concentraient soudain dans cette brève rencontre physique pour nous rappeler que tout est encore vivant.

Je quitte la case à demi obscure. Au-dehors, les bruits sont atténués sous l'étouffoir de la nuit toute proche. Le fracas d'une mobylette s'obstine encore comme un insecte turbulent dans le recueillement du crépuscule. À l'horizon, un soleil voilé de poussière achève de s'abîmer derrière les grandes collines.

**

Je n'ai jamais su par quel miracle Tyemoro peut décrire le désespoir sans jamais désespérer. Je me sens profondément affecté par ce récit de ruine et pourtant il me laisse une saveur de force, un épisode certes grave mais qui n'est ni achèvement ni fait irréversible. J'attends la suite sans impatience. Cette fois, l'initiative appartient à mon interlocuteur. Il laisse passer plusieurs jours, probablement une dizaine, durant lesquels il ne fait aucune allusion à son récit. C'est comme s'il n'avait pas eu lieu. Je sais d'expérience que Tyemoro n'a qu'une parole organique, pleine de cohésion, unique, indivisible. Et lorsqu'il l'a enfantée, ou expectorée comme il dit, dans le secret et la posture habituelle, il n'y revient jamais. Il n'aime ni les digressions, ni les miettes de parole, ni les commentaires sur ce qui a été dit. Au début de notre collaboration, cette attitude m'a déconcerté. Comment peut-on clore les choses aussi hermétiquement? Tyemoro ne bavarde jamais et même pour les besoins élémentaires, si un geste peut suffire, il le préfère. Ses femmes, ses filles et ses petits-enfants ont parfaitement assimilé tous ses codes. Ils sont à sa dévotion, mais ils savent tous qu'il les recèle au fond du cœur. Il lui suffit d'apparaître pour que toute querelle cesse instantanément dans sa maison comme chez les autres membres du village. Il n'est pas de litige qu'il ne sache dissiper.

Chacun sait également que Tyemoro était capable de donner sa vie pour lui et cela sans l'ombre d'un doute. Il a la compassion profonde et digne et ne dissimule jamais un chagrin révélé par une sorte de frémissement douloureux du visage, alors que le contentement illumine ses yeux seuls, sans autre signe apparent. Bien d'autres subtilités caractérisent sa personne.

Ma relation au vieil homme est devenue une

sorte de drogue. Lorsque nous nous enfermons pour travailler, ma présence est comme annulée. C'est une sorte d'inhibition heureuse, libératrice, je m'en remets entièrement à la force qu'il dégage, elle me procure un état second, hors de la durée. Je me suis longtemps questionné sur l'origine de cette force. J'ai le sentiment qu'elle provient de l'enracinement réel dans un territoire, une terre, une culture, d'où peut-être ma fragilité face à lui.

Un étrange enfantement

Ma première rencontre avec Tyemoro fut difficile, nous étions si éloignés l'un de l'autre... Cela m'a permis de mesurer l'ampleur de l'artifice de notre vie dite moderne. Cet artifice nous contraint à des cadres si étroits, si déterminés, et la nature, les références et les repères qu'elle offre sont si loin, si étrangers.

C'est avec une tête pleine de schémas, de diagrammes et de préjugés que j'abordai Tyemoro. Sans doute avais-je aussi l'attitude inconsciente d'un entomologiste s'apprêtant à examiner, étudier des hommes, une culture. Je me voyais déjà pérorant dans l'amphi, face à des étudiants muets d'admiration...

Le vieil homme déjoua tous mes pièges, refusa implicitement de se conformer à mon jeu, à mes ambitions. Il ne fut dupe de rien et parfois son sourire bienveillant me révélait toute l'intelligence qu'il avait de la situation. Face à mon besoin d'un résultat rapide et « gratifiant », j'avais un homme ancré dans l'éternité et la patience. Un homme pour qui tout se mérite à travers l'initiation concrète aussi longue que la vie et non par des artifices théoriques ou verbaux.

C'est ainsi que mes deux premiers séjours furent infructueux car Tyemoro se tenait derrière une sorte de barricade psychique lisse, impénétrable. Cette barricade n'était cependant ni défensive ni offensive. C'était un quant-à-soi tranquille. Il n'y avait en cela ni bien ni mal, mais la simple dévotion à la vérité des choses.

Mes premiers échecs comme enquêteur me furent terriblement douloureux et j'en voulus violemment à Tyemoro. Je rentrais bredouille, la deuxième fois surtout où le désespoir entama mes résolutions les mieux trempées. J'imposai à Madeleine, ma femme, et aux enfants une mauvaise humeur chronique, et un sentiment de honte m'accompagnait à la faculté. Cette déconvenue m'obligea à creuser, à changer de niveau et d'espace de méditation. Je perçus pour la première fois ce que signifiait le naufrage et envisageai sérieusement d'abandonner ma filière de recherche, car le batifon est une langue très minoritaire et les Tyemoro sont rares. Dans mon brouillard mental, certaines scènes me revenaient très précisément. À aucun moment je n'ai été rejeté ni ai essuyé un refus formel. Entre mon initiateur et moi devait s'établir un accord dans le vrai sens du terme, c'est-à-dire trouver le ton, la fréquence. Tyemoro n'étant demandeur de rien, il m'appartenait donc de rechercher cet accord. Il m'appartenait de m'accorder moi-même comme on accorde un instrument de musique, de trouver la vérité nécessaire. Le vieil homme n'est pas un gisement d'informations, mais un initié, et je compris que l'accord serait quand il y aurait confiance totale, amitié et sérénité, quand j'oublierai ce pour quoi j'étais venu. Quand la quête de l'humain serait plus forte que les supputations ou les résultats. Quand, dans le secret de nos rencontres, le vieil homme et moi serions circonscrits par le verbe transcendant et que nous aurions échappé aux pièges de la durée pour nous fondre dans l'immuable représenté par les allégories, les mythes et les symboles. Soumis au feu de toutes les transformations, entre espoir fou et souffrance, accablement et renaissance éphémère et fugace, durant deux années le marteau du quotidien et le feu du temps m'ont pétri, malaxé comme une pâte et enfin éveillé. Je repris l'avion pour la troisième fois, avec une volonté non volontaire, et « pur » de toute avidité.

Quand le vieil homme me revit, il eut un magnifique sourire. Il me garda longtemps contre lui, comme pour m'insuffler son énergie et m'appela pour la première fois son fils. Puis il me dit : « Voici que tu reviens, mais tu es à présent un récipient parfait et dans ton cœur il n'y a plus d'attente. Tu es devenu homme-canal, tu n'es plus un chasseur de paroles, et je puis à présent te donner ce que j'ai. Tu devras en faire un usage sacré. Efforce-toi de mettre dans le cœur de ceux à qui tu révéleras notre parole une attitude de respect, car il s'agit de la substance de nos ancêtres et des principes qui les ont inspirés. Tu n'auras cependant que la parole, car l'initiation est longue. Elle met la patience et l'endurance à l'épreuve. La vie entière est sa chaîne et la souffrance et la joie en constituent la trame. Je ne peux te livrer que les apparences, il t'appartient de leur donner la consistance et l'esprit. Tu seras toujours un Blanc et c'est dans ce que tu es que réside ta propre vérité, c'est ton chemin que tu dois emprunter et non le mien… »

C'est ainsi que s'était établie cette relation d'autant plus forte qu'elle avait triomphé de toutes les menaces de rupture, de destruction. Relation éprouvée dans la vérité et dont les racines s'ancrent au plus profond du cœur.

**

Un soir enfin, Tyemoro me fait signe d'entrer dans sa case. Il allume une chandelle car la nuit, après un crépuscule très bref, s'affirme dense, épaisse, dénuée du moindre éclat de lune. C'est une nuit matrice, comme il l'appelle. Après avoir retrouvé sa posture habituelle, le vieil homme reprend la parole :

Ce que je vais dire à présent n'a pas de lien avec mon savoir propre. Cela demande réflexion et ton avis de Blanc me sera utile, car mon esprit est comme une balance agitée, à la recherche de la juste mesure.
La renommée nous apprit qu'à un demi-jour de marche de chez nous existait un village nommé Mafi semblable au nôtre mais où les gens refusant le mal dont nous sommes affectés avaient tenté de le conjurer en rassemblant les fragments dispersés du corps de leur société et lui redonner vie. Cela nous a étonnés car il n'a jamais été vu que ce qui meurt puisse renaître sous son apparence passée. Ceux qui avaient vu ce village faisaient son éloge, disant que la vie y était bénéfique, chacun s'y abreuvait et s'y nourrissait selon son besoin, les enfants s'y égayaient

avec éclat, grâce à une terre féconde. Ce village prospère éveilla notre curiosité et je décidai de m'y rendre, accompagné de quelques membres de notre famille, car l'avenir de ce qu'il reste de notre communauté me souciait beaucoup. Je voulais aussi savoir avant mon départ de ce monde s'il existait quelque issue à notre infortune.

Dès que le village nous apparut au loin, nous sûmes qu'il était bien vivant. Des arbres s'y dressaient, nombreux. Semblable à un homme paré de vêtements de fête, le village s'étendait sur une terre dénudée comme sur une grande natte de paille. À mesure que nos pas nous rapprochaient, un souffle frais enveloppait notre corps et des parfums mêlés les uns aux autres s'insinuaient en nous. De grands jardins entouraient les maisons et nous fûmes convaincus que l'eau ne devait pas y manquer. Des hommes nous accueillirent pour nous conduire auprès du chef de la communauté, un homme nommé Moulia. Ces gens parlaient notre langue.

Le chef fit montre de beaucoup d'aménité à l'égard de notre délégation et manifesta de la déférence pour ma personne, disant que ma poitrine recelait le savoir essentiel et que le nom de Tyemoro avait franchi bien des contrées. Nous avons un peu devisé et nous sommes informés de l'état de nos familles. J'ai fait part à Moulia des

Parole de terre

raisons de notre visite, lui disant ce que la renommée nous avait appris sur leur prospérité. Je lui enseignai l'état de notre communauté et les difficultés que nous avions à surmonter. Il m'apprit qu'ils avaient été eux-mêmes proches d'abandonner le village, mais que, grâce au savoir d'Ousséini et à son opiniâtreté, la communauté avait retrouvé du bien-être. Ousséini, selon Moulia, était le nouveau mage chargé de leur destin.

Ousséini est venu le lendemain. C'était un homme encore jeune et de noble maintien. Je vis qu'il n'était pas ordinaire car dans ses yeux brillait le feu de la résolution et de la clairvoyance et sa force était modérée par la patience. D'autres personnes étaient venues le voir et nous fûmes ainsi nombreux à attendre sa parole sous le grand arbre.

L'enseignement d'Ousséini

Soyez les bienvenus, nous dit-il, nous espérons que votre santé et celle de vos familles sont bonnes. Je sais que votre visite est née des soucis qui vous accablent. Sachez que vos soucis ont été et continuent d'être aussi les nôtres. Mais nous avons en effet prouvé que lorsque des hommes et des femmes trouvent une voie commune et mettent ensemble leur conviction, ils peuvent conjurer le mauvais sort. Ils ressemblent alors aux piroguiers dont les gestes, le souffle et les efforts bien coordonnés font voler avec allégresse l'embarcation vers la destination qu'ils se sont ensemble assignée. Mais rien n'est jamais facile et nous qui avançons dans la reconstruction de notre terre et de notre communauté devons être très vigilants. L'orgueil ne doit pas s'épanouir dans nos cœurs et obscurcir notre raison. Il est vrai que nos champs redeviennent féconds. Il est vrai que nos arbres portent de plus en plus de fruits. Le pelage et la fermeté de leurs pas attestent de la vigueur de nos animaux. Ainsi donc, grains, fruits, légumes, viande et lait nous font de moins en moins défaut. Nous pensons qu'un jour nos corps, et surtout ceux de nos enfants, suffisamment pourvus, tranquilliseront nos esprits et les éveilleront à d'autres bienfaits.

Il n'est pas bon que les êtres humains soient sans cesse tourmentés par le manque de nourriture. Leur esprit devient stérile et leur force, déclinant chaque jour un peu plus, les ravale au rang de spectres sans consistance. Je suis né de la salive de cette terre comme mon père et le père de mon père, comme ma mère et la mère de ma mère. Notre mémoire pourrait remonter vers l'horizon le plus lointain du temps, elle trouvera toujours les racines qui m'ont fait naître.

Je suis de ceux qui sont allés très jeunes dans les maisons où les Blancs nous ont appris à tracer la parole. Mes initiateurs ont dit de moi que j'étais éveillé et doté de beaucoup d'aptitudes. Ils ont dit : « Cet enfant doit être conduit loin sur le chemin du savoir. Il portera ainsi la semence utile à son peuple et à sa race. » J'ai appris les choses des Blancs avec application. Ma famille et mon clan m'ont très tôt vêtu de considération et de fierté. Il ne m'était plus permis de saisir le manche de la houe pour fouiller la terre et lui confier la semence, comme mes ancêtres et mes parents proches. Les mêmes recommandations m'étaient répétées sans cesse : « Ne souille pas tes mains, ne fatigue pas tes membres, réserve tes forces à ta tête afin qu'elle puisse se remplir aisément. Tu n'es plus de notre condition, mais surgeon du corps de notre grande famille, tu dois attirer sur elle les bienfaits de ces temps nouveaux en apprenant les secrets des Blancs, car à l'évidence les Blancs portent les clefs de l'avenir et nous ne devons pas manquer d'en connaître l'usage à travers toi. Les Blancs sont maîtres de la prospérité et tu dois apprendre à la capturer comme un chasseur habile. Tu gagneras beaucoup de cauris et ainsi seras-tu béni et serons-nous bénis à travers toi. »

J'ai pris ce langage pour sagesse et vérité. Cependant, d'autres membres de notre famille déploraient tous ces propos, car ils étaient soucieux d'entretenir nos traditions et considéraient les nouveaux savoirs comme un péril pour elles. « Nous ne devons pas déroger à nos principes et tout ce que nos ancêtres nous ont confié, disaient-ils, préserve le récipient et son contenu. Évitons qu'il ne soit heurté par des coutumes étrangères. »

J'ai avancé au milieu de ces querelles comme à travers une foule le jour des grands marchés. Les obstacles n'ont pas découragé mes pas, et ainsi, de maison d'initiation en maison d'initiation, je suis parvenu au grand village. J'y ai vécu loin des sépultures de mes ancêtres, loin de ma maison de terre séchée. J'ai pu constater que nous étions très nombreux à venir nous initier dans la grande maison du grand village. Beaucoup de garçons, mais aussi de nombreuses filles.

Un jour, le chef suprême est venu nous visiter. Nous nous sommes préparés pour le recevoir. Il y eut une grande cérémonie avec des danses, des chants. Nous étions tous vêtus de nos habits de fête et faisions l'éloge du chef suprême. Nous avons dû apprendre un chant glorifiant notre terre et le chef suprême était notre sauveur après Dieu. Certains disaient que Dieu n'est qu'une chimère destinée à endormir la raison et qu'il fallait agir avec cette seule raison et ne rien attendre de lui. Il y avait parfois des querelles violentes dans la grande maison car ces paroles outrageaient certains d'entre nous.

Le chef suprême arriva et nous dit que nous étions à la fois les fondations et la charpente de notre peuple. Grâce à nous, ajoutait-il, notre pays allait occuper un rang très honorable parmi les autres pays. À ces propos élogieux, nous avons répondu par des acclamations, nous avons agité des tissus décorés avec des couleurs de notre pays, et chacun de nous prit la résolution d'être un guerrier valeureux des temps nouveaux en se disposant par le savoir à gagner beaucoup de cauris.

Pour ma part, j'ai choisi de connaître la terre à travers l'enseignement qu'en donnent les Blancs. Je me suis dit qu'avec ces connaissances je pourrais permettre à mon pays de prospérer et de ne plus connaître la famine. J'ai en effet appris beaucoup de choses sur la façon de rendre la terre prodigue. À l'évidence, les Blancs nous ont montré comment obtenir l'abondance. D'autres parmi nous ont voulu se consacrer à l'art de l'intendance, d'autres à la façon de mener les batailles ou les règles établies entre les pays. D'autres encore, la façon de juger les coupables de délit ou même de meurtre et de les accabler. D'autres ont choisi, au contraire, d'apprendre à innocenter ces mêmes coupables et de les soustraire au châtiment...

Tyemoro a quelques hésitations. Il est manifestement confronté à un obstacle dans le déroulement de son récit. Jusque-là, l'écheveau s'est dévidé docilement et la prodigieuse mémoire du vieil homme ne peut être incriminée. Après un court silence qui me permet de constater que la nuit est bien établie, ornée de bruits insolites, d'appels d'animaux dans l'épaisseur du silence, Tyemoro poursuit :

Ousséini nous a encore dit : Mes aptitudes m'ont valu d'être choisi pour aller apprendre au pays mère des Blancs. Je suis entré dans le ventre d'un oiseau de métal ; de nombreux autres êtres humains sont entrés avec moi. L'oiseau nous a soulevés dans les airs et déposés sur la terre des Blancs. Dès mon arrivée, j'ai pu estimer tous les prodiges dont ces gens sont les auteurs et m'en réjouir après les avoir redoutés. Leurs grands villages sont considérables, avec des maisons en colonnes si élevées que la voûte du ciel semble reposer sur elles. Les « looto » et les êtres humains se mêlent et s'agitent en tous sens. Cela ressemble à une grande fourmilière. De larges chemins bien alignés entre les maisons vont loin et l'œil ne peut en percevoir les limites.

Tout en ces lieux était objet d'étonnement. Rien n'est ici comparable au berceau de mon enfance. Ainsi sont les êtres humains, ils s'habituent à ne plus voir ni arbre ni animal, excepté des chiens et des chats que les gens des grands villages affectionnent. Je me suis aussi habitué à ne plus voir ni le ciel ni la lune ni les étoiles. Ma maison était une case semblable à un coffre qu'un artisan aurait poli avec soin. Tout n'était que brillance et luisance. Autour de moi, des objets serviteurs m'assuraient le feu, le froid, la chaleur, la musique, la parole, le vent, la lumière ; l'eau dont j'ignorais la provenance m'était dispensée par des boyaux de métal.

Chaque jour, j'allais à la grande maison où des initiateurs considérés enseignaient de nombreux hommes et de nombreuses femmes. Dans les grands villages, les êtres humains sont si nombreux qu'ils se confondent vraiment. J'étais ainsi, fondu dans le grouillement. La solitude m'a atteint et, pour alléger ce malaise, j'ai retrouvé des gens de ma condition et de ma couleur, mais aussi des Blancs. Entre nous l'amitié s'est établie et nous ressentions ensemble un peu de bien-être.

Dans le grand village, les enfants vont dans les maisons d'initiation. Les adultes initiés vont gagner de l'argent. Les vieux au terme de leurs forces vont dans des maisons de déclin. Les simples d'esprit et les aliénés vont dans d'autres maisons où des guérisseurs essaient de rétablir en eux un peu de raison. Ceux qui commettent des actes nuisibles sont enfermés pour des temps très longs dans d'autres maisons. Ce monde est ainsi fait de clefs, de portes et de serrures et les humains sont triés selon leur condition, comme des graines de semence.

La hâte est si forte partout que j'ai perdu mon regard, mon ouïe, mon goût. Dès mon réveil, tout me disait de me hâter. J'ai appris la précipitation en toute chose et le sommeil troublé par une multitude de petits génies turbulents qui agitaient sans cesse ma pensée. Les êtres humains se plaignaient tous du temps qui manque toujours et de lassitude parfois extrême. Je me consolais en me disant que mon initiation exigeait tout cela. Pour achever cette initiation, mes initiateurs m'envoyèrent pour un long temps chez des cultivateurs. J'ai ainsi quitté le grand village et retrouvé la forêt, l'herbe, le vent, le ciel et le soleil, ainsi que la pluie et le froid. Le froid m'a fait souffrir, car tout mon corps était saisi de tremblements. Il m'a fallu des vêtements épais pour m'en prémunir. Les Blancs qui m'ont accueilli étaient d'une grande bienveillance et j'étais heureux parmi eux. Les parcelles qu'ils cultivaient allaient d'un horizon à l'autre. Ils avaient des « trators » en grand nombre pour griffer la terre, l'ensemencer, récolter : tout cela allait comme si le métal pouvait être doué d'entendement et de dévouement, à la volonté des êtres humains. Cela m'émerveillait. Le cultivateur m'a appris à faire travailler toutes les créatures de métal. Mais je ressentais une grande fatigue car, du matin au soir, nous devions être sur les champs et parfois même la nuit. Les yeux des « trators » éclairaient les champs et permettaient ainsi de poursuivre la tâche inachevée durant le jour. Les Blancs ne pensent pas comme nous à respecter la nuit peuplée de génies ni les esprits parcourant les chemins, les bois et la terre entière.

Mes hôtes avaient également de nombreuses bufflesses de chair et de sang. Le matin et le soir, le lait était sucé de leurs mamelles par des créatures de métal façonnées pour cela. Le lait était conduit dans des boyaux fait d'une matière inconnue chez nous et se déversait dans des barriques. Il était si abondant qu'un homme de grande taille aurait pu s'y immerger chaque jour. Les bufflesses étaient toutes enchaînées et beaucoup de nourriture leur était dispensée pour obtenir d'elles du lait en abondance.

En d'autres lieux, j'ai vu des poules captives dans des cages et mises dans des poulaillers si vastes que notre village tout entier aurait pu y entrer. Les volailles étaient si nombreuses que leur tumulte nous contraignait à élever la voix.

Chaque jour, des œufs en grande quantité roulaient de leurs corps et remplissaient de grands paniers. Leurs déjections constituaient des montagnes.

Ainsi, les cultivateurs, aidés de leurs créatures de métal, avaient la charge de tout faire en abondance. Abondance de lait, de viande, de grains et de toutes sortes de denrées. Toutes ces abondances étaient pour nourrir les multitudes d'êtres humains vivant dans les grands villages, ainsi que les animaux qui partagent leur vie. Il fallait également pourvoir les animaux des cultivateurs en nourriture abondante pour qu'ils puissent être encore plus prodigues.

J'ai appris que certaines nourritures d'animaux étaient faites par des paysans de nos pays et des pays semblables au nôtre. Les cultivateurs blancs estimaient que cela était plus avantageux. D'autres Blancs leur reprochaient de provoquer le dénuement chez nous, disant que les échanges de la nourriture contre l'argent n'étaient pas équitables et défavorisaient les paysans de chez nous.

Après plusieurs lunes avec les cultivateurs, je ressentis de l'ennui. Nous n'étions pas nombreux car les créatures de métal pouvaient faire la besogne de dix ou vingt hommes ou même plus. La plupart des hommes étaient allés vivre au grand village et travailler dans les maisons où l'on façonne les « looto » et toutes les créatures de métal. Les deux enfants de mes hôtes, une fille et un garçon, allaient aussi s'initier dans le grand village et ne venaient pas souvent. Les grands champs, les bois et toute la grande brousse avec si peu d'êtres humains provoquaient en moi de la tristesse. Nous n'avions pas de détente, ni d'échange de paroles, ni de fêtes. Tous les jours et du matin au soir, nous n'arrêtions pas de servir l'abondance. Mes hôtes se plaignaient de ce travail excessif en même temps que de l'insuffisance d'argent que leur peine méritait. Beaucoup de cultivateurs exprimaient leur insatisfaction par des cris dans les rues et toute sorte de gestes de mauvaise humeur. D'autres fois, ils se plaignaient de l'abondance qu'ils avaient eux-mêmes provoquée car cela réduisait la quantité d'argent que cette abondance était censée leur procurer. J'ai vu également des montagnes de nourritures mises au rebut ou jetées dans les rues.

J'ai ainsi appris que le monde était divisé entre les riches et les pauvres. Que partout les hommes qui possèdent beaucoup de créatures de métal, des bâtons qui tuent, et qui savent bien tracer la parole et administrer l'argent, pouvaient s'arroger plus de biens que ceux qui n'ont pas toutes ces choses.

J'ai appris que, sur cinq êtres humains, le riche prenait quatre fruits du panier commun pour sa jouissance et pour en faire du rebut, et en laissait un pour quatre pauvres. Tout cela par un ordre des choses qui n'est pas voulu de Dieu. Car le Créateur a toujours veillé à pourvoir ses créatures. À présent, les hommes ont instauré l'inéquité et le plus fort, en toute circonstance, domine.

J'ai cru en la vertu des hommes, en leur magnanimité. Et je me suis dit qu'en apprenant les secrets des Blancs j'allais en faire du dévouement au profit de mes semblables. Voilà qu'il m'est offert, pour mon savoir, d'entrer dans le cercle des nantis. J'ai vu que dans ce cercle la compassion est rare et que le goût de l'accaparement sans fin domine. Entrer dans ce cercle m'invite à accaparer comme eux.

Les Blancs ont créé les moyens de connaître le sort de tous les hommes. Les boîtes qui parlent abolissent des distances considérables, de la bouche à l'oreille. Les boîtes à fenêtre permettent de voir de très loin ce qui se passe en d'autres lieux, d'autres contrées. La parole tracée parcourt sans cesse la terre entière. Toutes ces choses nous révèlent la souffrance d'innombrables êtres humains.

Partout, des hommes s'octroient des parts de terre importantes au détriment de beaucoup d'autres. Ils veulent ainsi être honorés comme des princes. D'autres veulent être adulés pour leur savoir ou bien exceller dans l'art d'ordonner le monde. Ils disent : « Regardez comme je suis considérable, je tiens un fragment de ce monde en mon pouvoir. Ma parole est écoutée avec vénération. Des foules considérables vouent un culte à ma personne. Elles me remettent leurs espoirs et leurs vies ! » D'autres disent : « Considérez mon savoir et voyez comme je suis lumineux ! N'êtes-vous pas éblouis par mes connaissances ? » D'autres offrent leur image et ils se disent dans le secret : « En me donnant vie, la nature a accompli une œuvre magnifique, je vais échanger mon apparence contre des cauris. Je vais divertir les gens, les guérir un peu de l'ennui et ils m'acclameront. Leur ennui est si grand qu'ils me porteront en eux comme le remède à leur désarroi. Ils me donneront beaucoup d'argent et je serai considérable ! »

Il y a aussi tous ceux qui dressent la tête et disent : « Nous sommes un peuple puissant car nous avons des créatures capables de grande destruction. Ces créatures dorment dans d'obscures et secrètes cavernes. Le mutisme est leur vêtement, la mort est leur gloire, et elles n'attendent que notre volonté pour ravager un peuple entier avec ses arbres, ses animaux, sa terre. »

Des femmes triomphent de leur figure, de leurs mamelles et de leur fessier. Elles se disent : « Je suis le rêve des hommes, la jalousie des autres femmes. Je suis l'insaisissable antilope qui s'offre sans cesse à une multitude de chasseurs. Je hante leurs âmes et, pour me voir et entendre ma voix, ils doivent donner beaucoup d'argent. »

D'autres hommes jouent de la parole. Ils ornent le silence de mots, écoutent leur sonorité et ils se disent : « Comme mes propos sont justes ! Je suis assurément doté d'une grande intelligence dont bien des gens se délectent. Cette qualité me vaut de l'autorité et des disciples… »

J'ai fait part à mes initiateurs de mon étonnement de voir les cultivateurs et ceux qui façonnent les créatures de métal susciter une abondance dont une grande part est laissée à la corruption et au rebut. Ils m'ont répondu qu'ainsi était l'ordre voulu par les grands intendants de la terre et qu'il fallait que les peuples rivalisent dans l'art d'accumuler l'argent.

De nombreux Blancs considèrent que ces agissements sont néfastes et déplorent que tous les biens ne soient pas partagés et qu'ils soient objets d'incessante convoitise. Ils disent : « Toute cette abondance ruine les pauvres du monde sans nous satisfaire vraiment. Voyez comme nous sommes tristes au milieu de tant de " looto " et de créatures métalliques à notre dévotion. Nous les avons façonnées pour nous permettre plus de palabres, plus de divertissements, pour goûter aux fruits magiques du temps s'écoulant comme un grand fleuve. Nos grandes boutiques recèlent tant de victuailles que notre désir d'elles s'émousse. Nous ne savons plus la patience des saisons qui offrent à notre attente le fruit lentement maturé. Nous ne savons plus la saveur de la rareté, la jubilation et la satisfaction. En nous, tous nos désirs se confondent et un tambour mystérieux cadence nos jours avec une célérité ivre. Il est frappé en temps et contretemps. Nous ne savons plus le repos, nous ne savons plus rien des rythmes du ciel et de ces grands balancements dont nos poitrines seules gardent le souvenir et le regret. »

Et voici que de l'abondance naît une misère inconnue, la misère de ceux que la matière exhumée des profondeurs dévore. Ils disent sans cesse : « Donnez-nous encore de l'argent pour avoir encore plus de créatures et de victuailles et donnez-nous beaucoup de divertisseurs et de divertissements afin que nous puissions jouir pleinement des bienfaits de notre temps ! »

Il n'est pourtant dans la création aucune avidité sans limite. Pourquoi l'avons-nous érigée en un précepte sacré ? Des hommes et des femmes entretiennent comme le feu des désirs toujours inassouvis. Ils ne cessent de dire : « Ayez toujours plus ! » et jettent dans ce feu dévorant les rêves de ceux qui ne savent ce qu'ils attendent d'une vie sans miracle, sans surprise heureuse, une vie où la raison prétend seule ordonner toute chose. Ils crient : « Profitez sans jamais vous rassasier, vos désirs ne doivent avoir aucune limite, nous vous façonnerons demain des créatures encore plus habiles à vous servir ! »

Ainsi, d'un côté des hommes et des créatures de métal entretiennent l'abondance que d'autres doivent dissiper. Mais rien ne satisfait plus, car tout cela est illusion et mensonge. Toutes ces choses ont blessé mon entendement, comme elles blessent de nombreux Blancs. Nous n'acceptons pas cet ordre où n'entrent ni le sentiment équitable ni le souci de ne pas ruiner la création.

Dans le secret de mon cœur, je me demandais comment je pouvais contribuer à l'essor de mon peuple avec le savoir que j'étais venu acquérir. Les miens n'avaient pas assez de moyens pour avoir les créatures métalliques, la poudre qui fait pousser les plantes ni les poisons pour les prémunir contre les maladies et les insectes. Un grand chagrin me visita, car en rentrant chez moi je savais que je reviendrai comme un chasseur maladroit sans gibier à offrir. Je savais que mon voyage d'initiation avait coûté très cher, que c'était la sueur de mon peuple. Je savais aussi que je pouvais rejoindre les grandes maisons où sont assemblés ceux qui savent tracer la parole et ordonner le pays à leur façon. Je savais que ce n'est pas en nous enfermant dans ces maisons que nous pouvions aider nos êtres humains à conjurer les disettes et les famines.

Trop de temps a passé et nous avons cru qu'il suffisait d'apprendre les secrets des Blancs pour leur ressembler, pour devenir prospères comme eux. Mais, à présent, nous savons que leur prospérité est due aussi à l'accaparement des biens des autres peuples des terres lointaines et de la ruine de la création. Beaucoup de Blancs le savent; ceux-là n'ont point d'arrogance, ils souffrent avec nous et récusent cet ordre des choses.

Je me suis dit que mon initiation m'aura appris surtout que les Blancs recèlent des vertus importantes. Ils nous ont appris à mieux connaître le monde et même nos propres traditions. Ils nous ont appris bien des secrets qui pourraient être utiles. Dans le même temps, je sais qu'il ne faut pas les imiter en tout point car ils n'ont plus le sentiment sacré. Ils ont façonné beaucoup de créatures métalliques qui tuent les êtres humains et les ont répandues sur toute la terre. Ils ont dissipé dans le ciel des fumées néfastes et dans l'eau des poisons meurtriers. La terre que le créateur nous a donnée comme une mère pour nous nourrir a été violentée par des gens avides d'argent. Beaucoup d'animaux et de plantes faits pour glorifier le monde sont anéantis à jamais.

Les quatre charpentes de la vie

Ainsi les quatre charpentes de la grande case de la vie — la terre, l'eau, la lumière et le souffle — sont-elles malades. Les êtres humains seront également malades, car leur cœur s'est trop durci. Et le monde se brise un peu plus chaque jour, car l'argent a plus d'importance que les êtres humains, plus d'importance que la création et que le créateur.

Voilà ce que mon initiation m'a appris et comment pouvais-je avec cela honorer ceux qui dès mon enfance m'avaient confié une part de l'avenir de notre peuple ?

Je sais aussi que, partout dans le monde, des êtres humains délaissent la terre. Ils vont vers les grands villages. Ils disent : « La terre ne nous nourrit plus et l'ennui nous gagne dans la brousse. » Ils sont si nombreux qu'ils ne peuvent se reconnaître entre eux. Leur pullulation fait naître des sentiments d'hostilité, car certains possèdent beaucoup, vivent dans de grandes et belles maisons, ont de très beaux insectes métalliques. Mais d'autres n'ont rien. Ils ont faim. Ils sont sans occupation et n'ont pas de vraie demeure. Alors tous les maux s'abattent sur eux, la faim, la maladie. Ils deviennent mendiants et même meurtriers. Les grands villages se remplissent de peur et des gardiens nombreux sont là pour frapper et enfermer.

De nombreux enfants vivent de rebuts, ils vivent des déjections des grands villages. Des hommes avisés disent que les êtres humains sont trop nombreux et la terre, semblable à une mère aux mamelles taries, ne pourrait les nourrir tous. Ils disent : « Il faut que les êtres humains cessent de procréer de cette façon. Ils doivent apprendre à moins proliférer. » Ces gens ont sans doute raison, mais je sais aussi que les sacs contenant les rebuts des maisons des nantis recèlent chaque jour la nourriture de plusieurs êtres humains. Je sais que la nourriture donnée aux chiens et aux chats des nantis peut nourrir une multitude d'enfants de la misère. Toutes ces choses sont devenues ordinaires. Peu de gens récusent cet ordre des choses, cela devient habitude, coutume sur lesquelles le cœur et l'esprit s'endorment. Des vieillards dans la solitude n'ont que des chiens ou des chats pour accompagner leurs jours. Leurs semblables et même parfois leurs enfants les oublient dans les maisons du déclin. Et lorsqu'ils rendent le souffle, on les met en terre à la hâte et le grand voile du temps les recouvre pour toujours. On chasse la paix du cœur des enfants, leur disant qu'en ce monde il faut toujours une quantité de cauris que l'on peut accumuler et pour cela ils doivent être meilleurs que leurs voisins.

Il n'est point de compassion en tout cela et nous ne devons pas suivre ces chemins. Les animaux que le créateur nous a donnés comme compagnons souffrent par les agissements des êtres humains. Ils sont enfermés en grand nombre pour donner leur chair, leur lait, leurs œufs, le pelage de leurs avortons. Ils sont parfois découpés vivants par des gens qui veulent comprendre l'ordonnancement de leurs corps ou bien éprouver sur eux des remèdes nouveaux. D'autres les détruisent par divertissement ou les affrontent devant des foules criantes, glorifiant le courage de l'être humain. Ils disent : « Voyez la beauté des gestes qui torturent et donnent la mort! Voyez comme l'être humain est triomphant! » Mais lorsque l'animal, dans sa fureur, terrasse l'homme, on s'empresse de secourir l'homme, car on n'admet que son triomphe. Ainsi, tandis que les uns font souffrir les créatures, les autres les adulent avec excès et les détournent de leur nature. Toutes ces choses et bien d'autres encore m'ont paru étranges et peu dignes d'être imitées.

Durant de longs jours et de longues nuits, j'ai réfléchi. Le désir m'a visité de rester dans le pays des Blancs et de faire comme d'autres êtres humains de ma couleur et de ma condition qui s'unissent parfois à des femmes blanches et demeurent dans leur pays. Je savais que notre pays manquait de la pluie du ciel depuis quelques années. Je savais que notre pays était parmi de nombreux autres pays de plus en plus frappé de pauvreté et de misère. Leurrés par des chimères, ces pays se livrent à des meurtres les uns contre les autres. Des chefs suprêmes, préoccupés de leur seule puissance et de leur bien-être, n'ont pas le souci de l'accomplissement des hommes dont ils ont la charge. Ils accaparent les biens de leur pays et les remettent à des receleurs blancs. Ils dilapident le sang de leur terre et de leur peuple et ouvrent la porte à tous les tourments. Nous qui savons tracer la parole, nous avons trahi ceux qui ignorent nos secrets et nos connivences avec tous les brigands du monde. Ils attendaient de nous de les guider vers des chemins salutaires et nous les avons égarés dans une brousse épaisse où ils ne peuvent même plus subvenir à leur nourriture. Des malheurs extrêmes les affectent et beaucoup vont par des chemins de hasard, recouverts de lambeaux d'étoffe, à la recherche d'un peu de vie. Ainsi l'ont voit des bergers sans troupeau, des paysans dépourvus de terre, des femmes et des hommes et leurs enfants errant comme des meutes d'hyènes affamées... Cela est trop indigne des êtres humains et c'est à ces maux que nous devons trouver les remèdes.

Pris longtemps au piège de toutes ces questions, ma souffrance était vive car je ne savais que faire.

Un jour, j'ai rencontré un Blanc dans une assemblée de cultivateurs. Cet homme disait : « La terre ne nous a jamais trahis, c'est nous qui l'avons trahie ! »

Ces paroles m'ont étonné, elles ont piqué mon esprit comme un aiguillon. Tout ce qu'a dit ce cultivateur était différent des paroles que j'avais l'habitude d'entendre. Il parlait de la terre comme d'une créature vivante. Il disait : « En ces temps où les troubles sont si nombreux, où les hommes sont menacés, seule la terre peut alléger leurs tourments. Il faut que nous reconnaissions que nous avons infligé à la terre mère bien des souffrances. Nous avons même oublié qu'elle était notre mère. Notre vanité nous a fait croire que nous pouvions édifier l'avenir sur notre seule raison. L'effort de tous n'a pas profité équitablement à chacun mais à un petit nombre d'êtres humains. La lune ne nous est plus inaccessible, mais elle ne contient pas de réponse à nos tourments de chaque jour. Nos prouesses ne cessent de nous étonner nous-mêmes, mais nous ne savons plus à quoi ces prouesses nous conduisent. Toujours plus d'argent, toujours plus de vitesse, toujours plus de créatures de métal, toujours plus de victuailles ne nous apportent pas la satisfaction. Les créatures qui tuent, si nombreuses, ne nous guérissent pas de la peur ni de l'anxiété. Chacun de nous porte sa solitude comme un fardeau brûlant... »

J'ai appris que cet homme ne cultivait pas la terre comme les autres. À la fin de la rencontre, je me suis approché de lui et lui ai fait part de mon désir de connaître ses façons. Il m'a convié dans sa maison pour quelques jours.

J'ai vu des plantes et des animaux en bonne condition. Tout paraissait dans l'harmonie. Il y avait en ce lieu un esprit différent. Toute la famille semblait tranquille comme si un souffle paisible passait à travers la forêt, les champs, les jardins. Tout paraissait plus simple malgré un travail important. Je suis resté de nombreuses lunes sur cette terre car je voulais être initié par cet homme.

Après cette initiation, j'avais la certitude que je pouvais enfin être utile à mon peuple, à notre terre et contribuer à la construction d'une nouvelle vie. Je savais que tout devait recommencer par la terre car c'est avec elle que tout avait commencé au commencement de tout.

Je suis revenu au village. On me fit grande fête. Ma famille se réjouissait d'avoir un de ses membres doté d'un vaste savoir. Ils me disaient : « À présent, tu vas vivre dans le grand village et rejoindre les grands intendants pour commander aux autres, jouir du prestige de ta condition, être considéré par le chef suprême et peut-être un jour agir en sa compagnie. Peut-être deviendras-tu toi-même un chef suprême! Tu vivras dans une maison où n'entre pas la chaleur. Tu auras des insectes métalliques et de nombreux serviteurs. »

J'ai laissé passer les réjouissances avant de révéler mon intention de demander ma subsistance à la terre. Cette annonce provoqua beaucoup d'agitation, de tumulte. Ma famille considéra que j'avais perdu la raison. Certains disaient que j'étais victime des sorciers. Les femmes se répandirent en pleurs. Ma famille me reprocha de dilapider les efforts qu'elle avait faits pour me permettre d'être initié. J'étais malheureux de tout cela, mais rien ne pouvait dissiper ma volonté, car elle était ma vérité. Elle ressemblait à une chose brillante et légère mais si solide que rien ne pouvait la briser. Durant toute la tempête de réprobations, j'ai gardé le silence. Mon dernier initiateur m'avait accordé un présent difficile en me faisant comprendre et aimer la terre.

Bien des jours passèrent. Mon sommeil était peuplé de rêves étranges souvent d'une grande beauté. J'étais parmi les miens comme au cœur d'un feu ardent. Ce feu, au lieu d'anéantir ma résolution, en rassemblait toutes les forces. Le chef Moulia lui-même et le maître de terre, Abinissi, en accord avec ma famille, décidèrent de me refuser l'attribution des parcelles que je demandais pour cultiver. Tous les villages environnants me firent le même refus. Il ne me restait qu'à repartir ou à cultiver les terres dont personne ne voulait car elles étaient tenues pour maléfiques, domaine des esprits réprouvés et hostiles aux êtres humains. Ces terres étaient maigres, mais comportaient en leur milieu un marigot redouté, lui aussi, comme le refuge des esprits mauvais issus du principe corrompu de l'eau. J'avais peur de ces lieux comme tous les autres hommes et femmes de notre clan. Je considérais souvent ces terres de loin sans oser m'en approcher.

Une nuit, poussé par une volonté étrangère plus forte que ma propre volonté, je décidai de parcourir ces terres. La lune atténuait légèrement l'obscurité. Je voyais partout le péril, dans les arbres, les pierres, le cri des animaux. Mon cœur battait comme un tambour, la sueur couvrait mon visage, la peur habitait mon corps et mon esprit, mais rien ne pouvait me faire renoncer à avancer.

Lorsque je fus au milieu des terres des esprits maléfiques, je me mis à murmurer : « Ô vous, esprits de ces lieux, sachez que je n'ai dans le cœur aucune intention mauvaise. Je vous respecte et vous conjure de ne pas me faire de mal. Je suis comme une plante sans racines. Mon désir de terre est immense et je ne sais comment l'assouvir, partout elle m'est refusée. Je suis moi aussi réprouvé et tous veulent que j'aille vivre dans le grand village. Je sais que je n'ai rien à y faire car c'est la terre qui m'appelle. Accepteriez-vous que je m'établisse sur votre domaine en m'engageant à le respecter ? »

Un grand silence suivit ma demande. La lune se reflétait dans le marigot, des nuages parcourant le ciel l'obscurcirent un instant, puis elle réapparut, et ainsi plusieurs fois. Bien longtemps après, à l'approche de l'aurore, la peur me quitta, à la manière d'une fumée épaisse que le vent dissipe lentement. Une grande tranquillité m'a enveloppé comme un vêtement léger. Je me suis étendu sur le dos sans plus craindre ni les serpents ni tous les autres animaux ni les esprits invisibles. Le ciel étoilé était très vaste. De la terre montait un souffle comme une grande respiration tiède et du ciel descendait un autre souffle plus frais. Ces deux forces se mariaient. J'étais traversé par elles et je me sentais une graine en pleine germination. J'ai été pris d'un engourdissement heureux avant de perdre conscience dans le sommeil.

Le jour était bien établi lorsque je m'éveillai. J'ai regardé autour de moi et n'ai vu que la brousse déserte avec des arbres et des plantes intouchés car nul être humain n'avait depuis longtemps foulé ces espaces. Les bruits du village me parvenaient portés par un vent très léger.

Ceux qui me virent revenir furent saisis d'étonnement et de méfiance. On me dit que les Blancs m'avaient retiré de l'esprit la crainte et m'avaient ainsi égaré du chemin de notre vérité. Cela avait mis, selon eux, de l'insolence dans mon cœur. C'est vrai que la plupart des Blancs n'ont pas ces croyances. Ils s'en moquent même, disant que nous sommes troublés par la peur qui peuple nos esprits d'images mensongères. Je ne ressentais pourtant aucune insolence. Je ne voulais pas montrer ma bravoure non plus, aucun sentiment vaniteux ne m'avait visité. Il est des choses que les Blancs m'ont appris à éclairer, mais il est aussi des mystères qui échappent à leur entendement, car ils ne peuvent admettre ce qu'ils ne voient pas ou n'ont pas la capacité d'éprouver. Certains disent : la raison est la seule clef pour tout comprendre et ce qui échappe aujourd'hui à sa lumière ne lui échappera pas demain. D'autres disent comme nous : il y a le monde visible et le monde invisible et la raison est bien faible pour tout élucider. Il y a partout des êtres humains arrogants et vaniteux dressant leur tête, et des hommes plus humbles acceptant l'ignorance.

Après avoir pris connaissance de la faute que j'avais commise, certains ne voulaient plus m'approcher ni m'adresser la parole, de crainte d'être imprégnés par cette faute.

J'ai visité de nombreuses fois, de jour et de nuit, les terres des esprits. J'y ai goûté de plus en plus de bien-être. Toute crainte m'avait quitté, car ce que je voulais faire était juste. Je savais que toute intention bénéfique à soi et aux autres ne pouvait être erronée. On disait que des gens étaient morts d'avoir franchi les limites des terres interdites et beaucoup attendaient que me soit infligé le même châtiment. Cela tourmentait grandement ma mère et mon père. Beaucoup de temps avait passé et j'étais encore en vie.

Au bout d'une longue patience, j'ai enfin compris que je pouvais commencer à toucher à la terre. Je ressentais comme un ordre tranquille dans mes sentiments et au-dehors, sur ces terres redoutées où le vent souffle d'une étrange manière. J'ai senti cette terre m'adopter comme un orphelin, comme un enfant à l'abandon, et non devenir ma conquête. Et cette terre devint mère, inséparable des étoiles, du soleil, de la lune et d'autres astres répandus comme des semences sur l'immense champ céleste. Des fluides invisibles circulent en tous sens. La terre devient aussi une femme, une épouse, dont les noces ne s'achèvent jamais. Le soleil lui fait don de sa chaleur et de l'éclat de sa lumière, la lune et les étoiles semblent accomplir une danse éternelle en son honneur. Et lorsque l'eau du ciel l'abreuve, elle déploie ses innombrables miracles.

Alors me revient en mémoire ce que j'avais appris ailleurs et dont je dois vous faire part. Cela vous sera peut-être utile et fera partie de l'initiation que je puis vous donner. Cela ne doit pas heurter nos propres savoirs, mais les accomplir, comme notre savoir accomplit d'autres savoirs, et le discernement de chacun doit nous éclairer tous car les êtres humains ne sont qu'une très grande famille.

On dit que la terre est fille du soleil. Elle n'était qu'un de ses fragments. Certains disent : « Le soleil est une sorte de grande braise née de la première forge. C'est pourquoi nous recevons de lui chaleur et lumière. » Lorsque la nuit le dérobe à notre regard, la lumière et la chaleur disparaissent également. Éloignée de la matrice originelle, la terre a longtemps gardé la mémoire du soleil. Elle était comme une escarbille projetée dans le ciel. Mais peu à peu le principe froid l'a saisie dans son giron. La chaleur fit lentement place au froid. Le principe froid constata alors que la terre n'était qu'une ossature, elle était roche première, nue et stérile. Le soleil continuait à réchauffer la terre de son haleine, car il n'avait pas oublié sa paternité. Il continua à l'illuminer et à la baigner de son éclat, car la terre était perdue dans la grande obscurité, dans la mer de toutes les nuits.

Le principe froid et le soleil trouvèrent peu à peu juste mesure entre eux. Leur accord donna naissance à la tiédeur, la tiédeur devint favorable à la naissance des créatures. L'eau était créée, elle habitait déjà le ciel sous forme de nuées et inondait la roche en se laissant choir sur elle. Elle prit place dans toutes les cavités, dans toutes les orbites, entre montagnes et précipices. Le souffle était tempête, vent de colère, entre terre et ciel, entre froid et chaud, lumière et obscurité. Le souffle était partout, mais partout insaisissable. Ainsi l'eau, le souffle, la chaleur, le froid, la lumière étaient tous présents et ne cessaient de se quereller. L'eau tentait d'éteindre le feu, mais celui-ci la dissipait en vapeur. Le froid pétrifiait l'eau, mais s'en trouvait captif. Le souffle parcourait tous les espaces, il n'était captif de rien. Il était partout et nulle part, selon sa volonté. Les jours succédaient aux jours, les nuits aux nuits, les siècles aux siècles, en une danse sans limite.

Un nouvel ordre des choses

C'est alors qu'advint un nouvel ordre des choses, car tous ces éléments n'étaient pas encore la vie, mais ses premiers fondements. Ils considé-

Parole de terre

rèrent la roche nue et stérile enfermée dans le silence. On ne savait du silence et de la roche lequel était captif de l'autre. C'était deux matières, l'une subtile et invisible, et l'autre massive, lourde et dure, intimement mêlées et comme inséparables.

C'est alors que l'eau dit : « Je vais imprégner le roc, et lorsque je serai en lui, que le froid vienne me surprendre. » Ainsi fut fait et le froid et l'eau divisèrent le roc en gros et petits fragments.

La chaleur, la lumière, l'eau, la roche donnèrent naissance à la première végétation. Elle était presque invisible, elle insinua ses racines partout et s'étendit sur tout ce qui n'était pas recouvert par l'eau. Dans l'eau, d'autres végétaux ainsi que des créatures innombrables naquirent également. Pour certaines créatures, l'eau est le premier principe vital, pour d'autres la terre et l'eau. Pour d'autres encore, la terre est seule nécessaire. Des créatures ailées s'élevèrent dans le ciel. Les créatures de l'eau, de la terre et du ciel avaient toutes besoin du souffle, de la chaleur, de la lumière.

Le temps se divisa entre nuit et jour. Les saisons lui donnèrent une cadence, le froid, le chaud, le tiède, l'humide et le sec, une humeur. C'est ainsi que la vie s'ordonna partout. Il y eut des luttes entre les créatures, certaines se nourrissant des autres et chacune voulant préserver sa propre vie. Il y eut celles dont la chair est la seule nourriture, et d'autres dont les végétaux sont la seule nourriture. D'autres vécurent de chair et de végétaux. Pour ne pas être anéanties, les plus faibles devinrent rapides et prolifiques. La force, la ruse et la dissimulation se mêlèrent. La griffe, la dent, la corne, le bec servaient à la fois la pérennité et la mort. La vie déployée en d'innombrables apparences s'administrait elle-même selon un ordre dont nous ne comprenons pas toutes les raisons. Face à la vie s'est érigé dès le commencement le principe de la mort. Rien ne pouvait durer sans fin, mais les créatures comme les végétaux se procréaient en une chaîne où tout s'achève sans s'achever. Tout s'édifie à partir de la semence, entre féminin et masculin, et tout décline pour renaître encore. Ainsi, pour que la vie soit, la mort est nécessaire, et pour que la mort soit, la vie est nécessaire.

Après un temps très long, un ordre s'était établi et il y eut comme un pacte entre la terre, les végétaux et les animaux à jamais inséparables les uns des autres, car ils constituaient les maillons d'une même chaîne : pas d'animaux sans végétaux, pas de végétaux sans terre. Tous les trois étaient également l'œuvre de l'eau, de la chaleur, de la lumière et du souffle.

En ces temps extrêmement anciens, les êtres humains n'étaient point du monde. Peut-être étaient-ils dans la pensée du Grand Ordonnateur, dans ses songes. Peut-être étaient-ils sous la forme d'une semence infime dispersée dans la création mais non encore germinative. Chaque groupe d'êtres humains donne son sentiment sur la venue de notre espèce. Les uns disent que nous découlons tous de la même parenté, de l'homme et de la femme initiaux. D'autres pensent que le Grand Ordonnateur nous fait sortir du chacal ou du lièvre. Certains pensent que nous sommes issus des chocs provoqués par les armes des dieux, de leurs premières confrontations. Les Blancs disent que notre matrice fut l'eau initiale, génératrice de pullulation de germes invisibles à l'œil et d'où se sont constituées toutes les créatures vivantes. Ils disent aussi que le grand aïeul de l'être humain est le singe ou bien le couple initial installé dans la félicité, mais qui perdit cet avantage par désobéissance aux recommandations du Grand Ordonnateur.

L'être humain fut doté du discernement, de l'émotion. Il porte en lui une parcelle de l'intention et peut agir hors des lois assignées par la nature. Il n'est pas soumis aux seules règles de la perpétuation par le manger, le boire et la fécondité, mais garde la mémoire des actes passés et peut imaginer l'avenir. De même, le rire et le chagrin l'habitent. L'être humain est la seule créature imaginant son créateur et qui a élevé des sanctuaires au Grand Ordonnateur et à tous les êtres invisibles ou bien à ceux que les animaux, les arbres, les roches, les sources représentent, mais aussi les astres et tout ce que le ciel recèle derrière les voiles du grand secret.

L'être humain donne une sépulture à ses semblables. Il les soustrait à la dévoration et au spectacle de la putréfaction et administre ses grandes actions avec des célébrations et des dévotions à des principes qui le protègent. Il redoute les forces maléfiques et s'en préserve de toutes les manières. N'étant pas contraint à la marche à quatre pattes ni à la reptation, il peut de ses mains libres façonner l'épieu, l'arc et tous les objets nécessaires à sa sauvegarde. Sans cette aptitude, l'être humain aurait été l'une des créatures les plus démunies dans l'adversité.

Certains Blancs tiennent pour seuls vrais les agencements que la nature a établis et déclarent ne pas reconnaître le Grand Ordonnateur. Ils disent que la matière, à la fois inerte et vivante, s'est dotée elle-même de l'ordre qui lui appartient, tout cela s'étant fait par la coïncidence. Ils pensent ainsi que la mort est l'achèvement ultime, rien n'est au-delà. Les plus nombreux parmi les Blancs disent comme nous que le Grand Ordonnateur est le seul maître et artisan de tout. Le monde céleste est selon eux peuplé de très hauts dignitaires proches du Grand Ordonnateur. Toutes ces considérations ont généré beaucoup de querelles entre les êtres humains, chaque groupe s'arrogeant la vérité sur toutes ces choses. Ils ont parfois écouté de grands initiateurs et tracé leurs paroles dans d'innombrables livres. Tous ces initiateurs ont recommandé aux êtres humains de ne pas s'infliger de souffrance entre eux. Chaque groupe a construit des maisons au Grand Ordonnateur. Ces maisons se sont ouvertes à ceux qui sont du même sentiment et fermées à ceux dont le sentiment diffère. Chaque groupe pense être chargé de l'intendance des esprits des êtres humains afin de les faire accéder à la vie sans fin et à la félicité et les soustraire aux châtiments sans fin. Pour mériter ces choses, des prescriptions doivent être suivies. Elles diffèrent d'un groupe à l'autre, car chacun des groupes se recommande de la parole d'un messager du Grand Ordonnateur qu'il tient pour seul vrai message. Chaque groupe a les gestes de célébration, les chants, les libations et les accoutrements qui expriment sa dévotion.

Ainsi, à la terre, aux végétaux et aux animaux se sont ajoutés les êtres humains et les troubles qui les habitent. Au commencement, ils vivaient de la chair des animaux, des fruits abondants dans les forêts, et des créatures de l'eau. Leur discernement leur permettait de distinguer ce qui leur était utile. Ils apprirent à soigner leurs maux. Les êtres humains apportèrent la parole à la création, car avant eux tout était innommé. Ils apportèrent la jubilation, mais aussi la crainte du visible et de l'invisible et beaucoup d'autres tourments.

Au commencement, ils ne se distinguaient pas beaucoup des autres créatures. Le discernement leur permit de sortir de la condition commune pour les établir dans la possession du feu. Ainsi pouvaient-ils disposer à leur gré du principe de la lumière et de la chaleur. Ainsi pouvaient-ils repousser les ténèbres de la nuit par des bribes de soleil, éloigner les animaux menaçant leur vie, réchauffer leurs corps, cuire leurs aliments et transformer la matière en objets utiles à leur vie. Cela leur fut d'un grand avantage. Le discernement ne leur permettait cependant pas la compréhension de tout. Bien des mystères s'opposaient à leur entendement. Cela engendra sans doute d'autres craintes.

Ils constatèrent aussi qu'ils n'étaient pas immortels. Certains disent que c'est de là qu'est née la croyance des êtres humains en un ailleurs de la vie ordinaire. Certains disent qu'ils créèrent de leur pensée les dieux auxquels ils attribuent puissance et immortalité. À ces dieux, ils manifestent leur dévotion pour en obtenir protection en ce monde et une autre sorte de vie dans l'ailleurs d'après la mort. Toutes ces dispositions sont nombreuses et confuses et la création n'en était pas troublée avant la naissance des êtres humains.

En ces temps, les hommes erraient à la recherche de leur subsistance. Le nombre de denrées utiles à leur nourriture s'accrut. Ils y ajoutèrent les graines recueillies dans la nature sauvage. Ils virent que cela leur était favorable. Mais cette errance soumettait leur vie à de nombreux hasards car bien des créatures s'alimentaient des mêmes denrées. Les graines ne s'offraient pas à discrétion et les saisons rigoureuses les soustrayaient à leurs besoins. Le discernement leur apprit que ces graines pouvaient être enfouies par eux-mêmes dans la terre proche de leur gîte. Ils virent que cela était favorable car les graines ainsi proches de la demeure tiraient parti de leurs soins et de leur vigilance. Ils firent de même de certains animaux présents dans la nature sauvage, qu'ils attachèrent à leurs demeures afin qu'ils se reproduisent et leur offrent la chair, la peau, le lait, la force, la rapidité et tous les autres avantages. On dit que c'est de cette façon que sont nés le paysan et le berger.

Après un long temps, les êtres humains ont établi des villages, puis de grands villages. Ils prélevaient dans la nature le nécessaire à ces édifications. De nombreux arbres périrent de leur main pour soutenir les couvertures de leurs grandes maisons, cuire la terre pour les murs et les toitures. Ils façonnèrent de très grandes pirogues pour parcourir les eaux immenses et aller à la rencontre des êtres humains éloignés et échanger avec eux du savoir et des biens, ou bien leur porter la mort, la ruine et le pillage. Les êtres humains gardèrent longtemps du respect pour la terre qui les nourrissait, célébrant sa fécondité, appelant sur elle par gratitude les bienfaits du ciel par des invocations, des sacrifices et des offrandes. Paysans et bergers se multiplièrent. Ils devinrent des intendants de plus en plus habiles à administrer les végétaux et les animaux, à les faire proliférer et à nourrir les habitants des grands villages.

Certains groupes ont appris à tracer la parole sur la pierre, la peau des animaux, les étoffes, le bois ou d'autres matières pouvant supporter les signes et les transmettre. Ces groupes pouvaient ainsi divulguer leurs sentiments et les considérations qui les animaient, bien au-delà de la voix et de ce que l'oreille peut saisir. C'est ainsi qu'ils ont ensemencé la terre de leurs enseignements et dominé les autres peuples.

Peu à peu les hommes ne voulaient plus se contenter de tirer parti des bienfaits de la nature, mais la posséder. Ils apprirent à se hisser sur des animaux forts et rapides. Des groupes se dressèrent contre d'autres groupes. Ils façonnèrent des armes tranchantes, des piques, des épieux, des projectiles et toute sorte d'objets donnant la mort, et se mirent à disloquer la terre en infligeant la souffrance à leurs semblables. Ils ne disaient plus : « Nous sommes fils de la création », mais : « La création nous appartient. » Certains se dressaient avec orgueil pour dire : « Le Grand Ordonnateur a fait ce monde pour nous. Le Grand Ordonnateur nous a dit de disposer de ce monde selon notre vouloir en soumettant toutes les autres créatures. » Ils dirent : « Nous sommes princes, nous sommes les fils du Grand Ordonnateur ! »

Les êtres humains se sont dit à eux-mêmes : « Comme nous sommes importants ! Nous avons le discernement, nous sommes campés sur deux membres. Si nos pieds foulent la terre ordinaire, notre tête est une sphère issue des cieux ! » Ils décidèrent du bien et du mal, du beau et du laid, du fort et du faible, du vrai et du faux. Le bien dans un groupe était parfois le mal dans l'autre, et ce que l'un trouvait beau, l'autre le trouvait laid, et le vrai pour les uns était le faux pour les autres. Ce fut encore la raison d'autres troubles. Certains groupes réduisirent d'autres à la servitude, et tandis que les uns besognaient pour nourrir, construire leurs gîtes et accomplir pour eux toute sorte de tâches, les autres exerçaient leur discernement à comprendre la liberté et à en faire un grand principe. Ils s'exerçaient à comprendre la vie et la mort, la concorde et la discorde, le plaisir et la souffrance. Ils ont beaucoup parlé du bien et du beau, oubliant la laideur de la condition qu'ils infligeaient à leurs semblables. Ils ouvrirent ainsi une voie où l'être humain célèbre et glorifie l'être humain, jusqu'à dire que le Grand Ordonnateur lui ressemble, certains même étaient tenus pour l'Ordonnateur sur terre...

Ainsi, le discernement, que le Grand Ordonnateur avait donné aux êtres humains pour comprendre, aimer, apaiser, exulter et répandre de la compassion dans la création, leur donna orgueil, violence et iniquité. Ils infligèrent à leur propre espèce et à toutes les créatures beaucoup de souffrances. Certains groupes se sont octroyé de grandes parts de la terre commune après en avoir chassé ou anéanti les habitants. Après cela, ils font savoir à travers le monde tout le respect qu'ils ont de l'homme et invitent tous les autres à les imiter. Les êtres humains ne savaient plus vivre sans exalter la force brutale, sans dévotion à l'habileté au meurtre et sans juger de la valeur par le fort et le faible, le nanti et le dépourvu. Il y eut parmi eux des êtres qui disaient : « Regardez comme la création est digne d'émerveillement ! N'outrageons pas son visage, ne troublons pas l'ordre qui la gouverne. Soyons-lui reconnaissants et soyons reconnaissants à son créateur. Reconnaissons à toute créature le droit à la vie ! »

Parole de terre

Mais ces êtres n'étaient point entendus, car ils allaient à l'encontre de ce que les êtres humains souhaitaient, de leurs sens, de leur désir de puissance, de la peur à jamais liée à leur cœur. Les êtres humains se firent entre eux tant de compliments, se dirent tant qu'ils étaient considérables, que cela se confondit intimement à leur esprit. Alors leur regard perdit toute humilité et ils se dirent immortels. Ils érigèrent des édifices pour inhumer ceux qu'ils appellent les grands hommes. Ils donnèrent des noms valeureux à ceux qui avaient été les plus habiles à s'octroyer la plus grande part de la terre commune. Ils suspendirent sur la poitrine de leurs guerriers des pendeloques honorables et mirent sur la tête des plus grands accapareurs du bien commun des coiffures de métal. Toute leur vie se fondait sur « se défendre et agresser ». Cette tare leur a valu et continue de leur valoir beaucoup de souffrances. Ils ont tant façonné de créatures métalliques pour le meurtre que la terre entière en est infestée. Ils ont dressé tant d'êtres humains à les accomplir qu'ils ne savent comment s'affranchir de ce malheur et cette souffrance devient objet de leur méditation. Ils parlent sans cesse de la paix nécessaire tandis que leurs actes servent la mort.

Les autres créatures n'ayant pas de vanité ne sont administrées que par la nécessité de vivre. Le lion dévore l'antilope et cela nous semble cruel.

La vie voulait se perpétuer et chacune de ses révélations s'accompagne de la mort pour l'exalter. Tout cela échappe à notre entendement, mais ne semble pas pouvoir être autrement. En donnant naissance aux êtres humains, le créateur attendait peut-être d'eux l'admiration et la contemplation des agencements qui font la création si belle et si variée de couleurs, de parfums, de bruits, de forme, de saveur. Mais au lieu de chercher leur place au sein de ce grand miracle, les êtres humains ont voulu accaparer le miracle pour l'asservir. Ils y ont répandu de nombreux poisons, corrompu le souffle, l'eau, la terre, le ciel au-dessus de leur tête. L'aigle s'élevant très haut dans le ciel voit la terre en feu. Il voit les êtres humains pillards de leur propre bien. Il voit les uns dilapider, car l'abondance a tué en eux la satisfaction, et des foules de pauvres qui n'ont plus de salive ni de nourriture pour leurs enfants. La misère les berce lentement dans son sein d'agonie. Et l'aridité, comme une lèpre, s'étend sur la terre qui les nourrissait. Et l'aigle s'élevant très haut dans le ciel sait qu'en tout cela il n'est pas un juste ordonnancement.

Les êtres humains ont dressé sur la terre de nombreux bâtons avec des tissus colorés et établi autour des bâtons une palissade invisible. Chaque groupe dit : « Ce fragment de terre est notre terre, nous devons le défendre contre ceux des autres fragments. Nous devons mourir pour notre tissu coloré, lui chanter des hymnes, car il porte les couleurs qui nous distinguent. Pour notre tissu coloré et pour notre fragment de terre, pour notre chef suprême, nous devons avoir de nombreux bâtons qui tuent et des hommes dressés à s'en servir et beaucoup de créatures de métal pour foudroyer nos ennemis. » Et ceux qui façonnent ces créatures les répandent par toute la terre en échange de beaucoup de cauris, et ne s'estiment point criminels car ils disent : « Nous ne faisons pas usage de nos créatures, la morale nous le défend », et ils projettent à travers le monde un langage plein de vertu, invitant les autres êtres humains à secourir de nourriture les affamés victimes de leur avidité et à respecter la vie qu'ils détruisent par ailleurs. Lorsque les créatures qui tuent se déchaînent et anéantissent jusqu'aux enfants, ceux qui les ont façonnées ont des paroles pour dire l'horreur que leur inspire ce carnage. La terre, une et indivisible, est disloquée par la peur, la violence, l'orgueil, l'avidité des êtres humains.

Il y a aussi des êtres humains que le discernement éveille au respect. Ils éduquent leur progéniture en leur disant : « Sachez que la création ne nous appartient pas, mais nous sommes ses enfants. Gardez-vous de toute arrogance, car la terre, les arbres et toutes les autres créatures sont également enfants de la création. Vivez avec légèreté sans jamais outrager l'eau, le souffle ou la lumière. Et si vous prélevez de la vie pour votre vie, ayez de la gratitude. Lorsque vous immolez un animal, sachez que c'est la vie qui se donne à la vie et que rien ne soit dilapidé de ce don. Sachez établir la mesure de toute chose. Ne faites point de bruit inutile, ne tuez pas sans nécessité ou par divertissement. Sachez que les arbres et le vent se délectent de la mélodie qu'ensemble ils enfantent, et l'oiseau, porté par le souffle, est un messager du ciel et de la terre. Soyez très éveillés lorsque le soleil illumine vos sentiers, mais lorsque la nuit vous rassemble ayez confiance en elle, et si vous n'avez ni haine ni ennemi, elle vous conduira sans dommage sur ses pirogues de silence jusqu'aux rives de l'aurore. Que le temps et l'âge ne vous accablent pas car ils vous préparent à d'autres naissances, et dans vos temps amoindris, si votre vie fut juste, il naîtra de nouveaux songes heureux pour ensemencer les siècles. »

Ces gens sont assurément dans la vérité des choses, mais les assauts destructeurs de ceux qui tiennent la création pour leur bien ont raison de tant d'innocence. Et ceux qui tiennent la création pour leur bien érigent à la liberté des monuments, exaltent la lumière et parlent sans cesse de la justice comme pour mieux la trahir derrière les remparts de leurs richesses et de leur aptitude à foudroyer le monde. Ils pensent que la liberté peut se construire sur l'asservissement des êtres humains et des exactions contre les créatures innombrables immolées pour leur seule langue ou leur pelage échangés contre des cauris. De même que le buffle ne peut engendrer l'aigle, de la servitude ne peut naître la liberté...

Sa longue narration nous a conduits, Tyemoro et moi, très tard dans la nuit. Ayant pris l'habitude de mettre en berne montre et réveil lors de mes séjours au village, je n'ai plus de repères. Ces instruments à mesurer le temps s'imprègnent de l'anxiété qui habite notre existence de civilisés. Ils nous rappellent trop que notre durée n'est qu'un ensemble de fragments de temps remplis d'actes en partie inutiles, voire nuisibles, et notre agitation efficace une frénésie que nous appelons vie.

La voix de mon ami continue à se répandre dans mon esprit et dans mon cœur. Entre révolte et compassion, je vais, dans un songe douloureux, lentement édifié par la parole. Je sais que cette parole de la bouche d'Ousséini, l'instruit, le lettré, l'agronome, à l'interprétation de Tyemoro a dû s'imprégner de l'innocence de ceux qui n'ont que l'oralité et restent déconcertés par un monde dont ils ignorent les règles. Ils en ignorent aussi, et heureusement, les éphémères vérités pour lesquelles nous avons en effet tant égorgé et détruit.

Le vieil homme garde toujours le silence, dans l'attente de ma réaction sans doute. Je lui dis d'une voix comme étrangère à moi-même :

— Nous le savons à présent : le monde recèle le meilleur et le mauvais. Les gens les plus avisés s'entendent pour dire que les êtres humains sont allés trop loin dans le mauvais. Ils doivent faire du meilleur leur chemin et leur guide. Aucun groupe humain n'a la vérité pour tous les autres et la plupart de ceux qui l'ont prétendu ont fait erreur. Les êtres humains connaissent suffisamment les secrets de la vie pour bien la servir ou l'anéantir. Mais s'ils choisissent de détruire, c'est à leur propre vie et à celle de leurs enfants qu'ils portent atteinte car ils sont les membres de la création. S'ils choisissent de servir, ce choix ne doit pas être inspiré par la peur des périls, mais par le plus grand discernement.

Après ces brèves considérations, le silence reprend tout son empire. Mon ami et moi en sommes comme submergés. Qui ne connaît pas Tyemoro pourrait le soupçonner de s'être endormi. J'ai la certitude que le vieil homme réfléchit, s'imprègne, en prenant le temps comme à son habitude. Sa voix résonne de nouveau et il dit :

— Je comprends mieux pourquoi Ousséini a choisi d'honorer la terre.

Et sans plus de commentaire, il ajoute :

— Il est temps de prendre du repos. Je te dirai la suite lorsque ma tête et mon corps seront de nouveau dans l'harmonie.

Il faut attendre plusieurs jours encore avant que Tyemoro se décide à poursuivre son récit. Je mets à profit si je puis dire ce temps pour essayer de comprendre la personnalité d'Ousséini et les mobiles de son choix. Je l'ai d'abord suspecté de vouloir esquiver l'échec que la conjoncture difficile lui aurait infligé. Car bien des intellectuels des pays dits « en développement » sont contraints de se débrouiller comme ils peuvent en s'exilant ou en se livrant à n'importe quelle besogne de survie. Les longues études censées les préparer à être les soldats du développement de leur pays se terminent sur les rives désolées d'un monde sans projet, sans autre avenir que la lutte stérile dans un quotidien où les nécessités les plus élémentaires deviennent des montagnes, lutte stérile dans un océan convulsé par la récession économique et toutes ses conséquences, et les dictatures trop souvent. La logique fondée durant des décennies sur le modèle techno-scientifique comme on dit, et surtout marchand, a du mal à se reproduire partout. Elle a par contre étendu ses grands tentacules pour drainer toutes les ressources possibles de la planète pour nourrir sa propre démesure, laissant d'innombrables populations désorganisées sur des territoires rendus exsangues par sa mortelle séduction autant que par sa voracité.

Le système éducatif, inspiré de la logique, continue, lui, de produire aveuglément du « matériel humain » comme Ousséini dont il aura de moins en moins l'usage. Il faut dire que, de par sa nature même, ce système ne peut faire autrement. Il en va de l'équilibre de sa santé. Pour survivre, il a besoin d'un menu varié fait de présidents, de politiciens, de toute sorte de technocrates, de bureaucrates, de banquiers, de citoyens besogneux, et bien sûr de l'immense foule des anonymes agonisant sur des terres sans espérance et dans des villes sans âme. Tout ce monde est comme pris dans la gigantesque digestion d'un estomac démesuré et monstrueux où les pouvoirs pas plus que le reste n'échappent à la dérision, car les sucs dissolvants que le temps sait bien sécréter ont raison de toutes les vanités et les arrogances. Il ne reste souvent que la majesté de l'oubli pour donner un peu de noblesse à ces tumultes éphémères.

Donc, après avoir soupçonné Ousséini de vouloir échapper au classique verdict du chômage, mon jugement s'infléchit peu à peu au cours du récit. L'agronome m'apparaît comme ces petits phénomènes hybrides, mélange de tradition et de modernité, aptes à ouvrir des voies médianes dans le labyrinthe où se mêlent faux progrès et valeurs anachroniques. Dégagés de l'obsession du modèle dominateur jusque-là absolu et dont le naufrage se précise, ils imaginent des nouveautés et renouent avec les délires et les rêves pratiques pour nourrir le futur.

Cet intellectuel dissident m'intéresse et je me promets d'aller le rencontrer un jour. En attendant, j'ai besoin d'en apprendre plus de la bouche de Tyemoro, car je sais qu'en rendant visite à Ousséini, celui-ci ne pourra pas s'empêcher d'utiliser un langage conventionnel pour argumenter, justifier, expliquer à un Européen. Il fera usage de ce code banal en vigueur parmi les instruits, de ce code si objectif mais surtout si minéral dénué de ce frémissement révélateur du cœur humain derrière la parole.

Nous nous retrouvons donc, mon ami et moi, dans les mêmes dispositions et avec le même rituel de la fin du jour. Tyemoro entre encore une fois en parole, d'abord très lentement, donnant à chaque mot sa consistance avant de trouver la bonne cadence.

Retour à la terre mère

Ousséini a dit : J'ai compris une chose importante : l'homme ou la femme qui n'a pas de terre n'a pas de racines. Ils errent à travers l'espace et, lorsque la nécessité de vivre les contraint d'être en un lieu, ce lieu devient une entrave comme un pieu fiché au mur pour retenir un animal. Ce lieu n'a pas de sens pour eux, ces êtres humains sont toujours prêts à être ailleurs. Ils parcourent le monde, croient le connaître, mais, en réalité, ils en ignoreront toujours les fondements. Ils ne foulent pas de la terre vivante, mais un espace sans parole. C'est ainsi que tant d'êtres humains errent loin de la terre de leur naissance. Lorsqu'ils s'établissent quelque part pour besogner, s'épouser et procréer, c'est comme s'ils faisaient cela à la hâte, hors d'un véritable nid. Et lorsque leurs enfants grandissent, ils partent à leur tour ailleurs faire comme eux, les laissant amoindris, esseulés, et comme dans l'attente du dernier souffle.

Ce temps de la dispersion n'est pas conforme à la nature des êtres humains. Les grands villages ne cessent de croître et d'avaler des humains et les petits villages d'être à l'abandon au milieu de la brousse. Les grands villages ne peuvent plus avaler tous les hommes et les femmes en si grand nombre, ils ne peuvent les nourrir, leur offrir une demeure, une besogne et entretenir leur santé, et cela devient une mauvaise fermentation.

Beaucoup d'êtres humains séparés de la terre maternelle meurent de faim. Certains considèrent avec désolation la terre maternelle insuffisamment honorée par l'eau du ciel. Le soleil dessèche sa dernière salive, les puits et les sources n'ont plus de promesses. Après l'avoir dissipé en poussière à travers le ciel, le vent emporte la terre vers des contrées lointaines. Et le sable recouvre peu à peu le corps décharné de la terre nourricière. Des animaux malades la piétinent en grand nombre à la recherche de plantes devenues rares. Il y a alors comme une colère silencieuse, et l'anneau d'alliance qui réunit la terre, les plantes, les animaux et les hommes entre eux est rompu. Il n'est plus d'ordre en tout cela et les alliés se retournent violemment les uns contre les autres pour ne pas mourir.

Beaucoup d'hommes avisés disent que les êtres humains sont en grande partie coupables de cette désolation car ils n'ont pas respecté la création et ne se sont pas respectés entre eux. Certains pensent que les Blancs détiennent l'ordre, ils ont selon eux réussi leur vie et les imiter serait salutaire. Nous savons que cela est vrai pour partie, mais aussi faux, et la misère du cœur et la solitude les affectent souvent comme le manque de nourriture nous affecte. Ils parlent d'équité mais les démunis seront bientôt en grand nombre chez eux aussi.

Chaque peuple a ses richesses et ses manques. Chaque peuple doit à présent trouver son propre chemin et les peuples peuvent échanger ce qu'ils ont de meilleur et se faire beaucoup de bien entre eux. Et la terre entière peut ainsi resplendir et l'aigle, très haut dans le ciel, pourra admirer les êtres humains tous réjouis d'être en vie.

Je vous ai parlé d'un monde dont vous ignorez l'ordonnancement afin que vous compreniez mes résolutions. Mon initiation m'a préparé à une vie que je ne peux accomplir et qui ne peut m'accomplir. Cette voie ne nous enseigne pas à trouver notre place dans la création mais à accaparer sans fin, à profaner sans fin, à dilapider sans fin les biens de la terre. Les êtres humains les plus avisés savent que le chemin le plus juste passe par la reconstitution de l'anneau rompu. Et cette reconstitution se fera d'abord lorsque les êtres humains soigneront la terre de leur naissance et répareront les dommages causés par leurs mauvais actes. Ainsi devrons-nous apprendre la sobriété comme une vertu élevée. Avec elle s'exprime l'apaisement du cœur et la conscience de l'équité, car sans équité, il ne peut y avoir d'avenir pour les êtres humains.

Je dois maintenant revenir aux actes par lesquels j'ai confirmé mes choix. Durant un temps très long, j'ai souffert de la réprobation des miens. Certains me refusaient leur aide, d'autres détournaient la tête à mon approche, d'autres continuaient à me reprocher d'avoir dilapidé les efforts que mon initiation leur avait coûtés. Cependant, aucun ressentiment ne m'a habité car je comprenais les griefs qui animaient tous ces hommes et ces femmes confrontés à la menace du désert et à la ruine de notre groupe. Ils espéraient qu'en prenant de l'importance dans le grand village, j'allais pouvoir mieux les aider qu'en partageant leur sort. Certains n'admettaient pas ma transgression de vivre sur une terre interdite et craignaient que le groupe tout entier ne subisse le châtiment que je méritais. Seule, ma mère, dans le secret du cœur, me gardait sa confiance et appelait en silence tous les bienfaits sur ma tête.

Ma terre ne me faisait plus peur, au contraire, elle devint le refuge le plus sûr à ma solitude. Je savais de plus en plus que pour d'innombrables êtres humains, il n'y aurait pas de salut en dehors de la terre.

Au temps de ma contemplation et de tous les sentiments que m'inspirait ma terre d'adoption avait fait suite la besogne. J'ai défriché une parcelle, je l'ai ameublie avec la houe et ensemencée.

La première récolte de céréales fut comme un présent de bienvenue. Cela me fut de bon augure car la moisson fut abondante. J'étais encouragé à rester, à prendre racine comme les arbres qui m'ont devancé en ces lieux. J'ai pris la terre des bas-fonds, je l'ai pétrie avec l'eau du marigot et j'ai construit un abri pour mon corps. Le gibier capturé par les pièges, le poisson péché dans le marigot et les fruits sauvages s'ajoutaient à ma nourriture. J'ai ainsi refait ce que nos ancêtres avaient fait. Mais, tandis qu'eux vivaient sur une terre vigoureuse et féconde, nous autres vivons sur une terre fatiguée, ruinée par la sécheresse, les troupeaux, le vent, les pluies violentes, le feu et la destruction des arbres par le fer et les animaux. On ne sait plus quelle calamité entraîne l'autre.

Si nous voulons agir avec discernement et guérir la terre mère, nous devons comprendre sa souffrance, car c'est l'être premier sans lequel aucune créature vivante ne pourrait exister, et quand cet être premier meurt, tout meurt.

Cet être premier naquit, comme je l'ai déjà dit, de la roche et du labeur de l'eau, de la chaleur, du froid, du souffle. À ces artisans s'ajoutèrent les créatures invisibles à l'œil humain. La plante première s'étendit sur la roche (lichen) comme une lèpre vitale. Cette plante première apportait à la création le principe végétal qui n'existait pas encore. Ce principe végétal se confondit avec tout ce que la roche recelait et y découvrit la nourriture utile à sa croissance et à sa vie. Le soleil paternel continua de prodiguer chaleur et lumière, l'eau d'abreuver la plante et le souffle de lui permettre de respirer. Tout cela demanda beaucoup de temps, une grande patience. Une force se déployait lentement mais avec une grande puissance. D'autres plantes un peu plus grandes, profitant du principe premier, virent le jour. Et déjà une règle importante s'établit : tout ce qui meurt devient source de vie.

Ainsi les plantes se construisent, se déploient, reproduisent leurs espèces et meurent. La mort les déconstruit et en fait des résidus inertes. Dans ces résidus, des insectes, des créatures animales et des végétaux, invisibles à l'œil humain, trouvent leur subsistance et le moyen de proliférer. Il se fait alors le labeur d'un estomac, une panse ouverte largement épandue sur la terre. Cette digestion ressemble à une fermentation où tout s'entremêle pour donner une nouvelle matière. Cette matière est un principe nouveau contenant des nutriments et d'innombrables créatures invisibles à l'œil humain. Cette grande besogne se fait dans le silence, et la matière issue des résidus des plantes se marie peu à peu à la glaise issue de la roche maternelle, transformée elle aussi par l'eau, le froid, la chaleur, le souffle et les racines des plantes. Cette grande noce s'accomplit grâce aux animaux visibles et invisibles.

Parmi ces animaux, le ver de terre tient une place importante. La terre l'a engendré pour être engendrée par lui. Il est ainsi père et fils de la terre nourricière. Ce ver, de coloration un peu rouge, est dépourvu de pattes et de tout autre membre ou organe apparents. Son corps est semblable à un fuseau, enflé au milieu et mince aux deux bouts. Il se contorsionne à la façon du serpent. Certains vers se rapprochent d'une coudée, mais la plupart ont la taille de nos doigts. La lumière, les rayons du soleil et l'air extérieur lui sont contraires. C'est pourquoi il se maintient dans la chair de la terre qu'il parcourt en tous sens et jusqu'à des profondeurs de la taille d'un être humain. Pour se mouvoir, il creuse la terre en l'avalant; elle traverse son corps et en ressort en excrément par l'arrière. La terre avalée est rejetée. Ces excréments sont imprégnés des substances présentes dans le corps du ver de terre. Nous pouvons parfois les voir déposés sur la terre en petits amas d'argile. Cet animal se nourrit aussi des résidus de végétaux, son estomac les marie à la terre et participe ainsi à la création de la terre féconde, issue de la confusion intime entre l'argile et les restes digérés par toutes les créatures visibles et invisibles à l'œil humain.

Nous devons comprendre que le principe issu

de ce travail donne une matière (humus) brune ou noire qui est le support de toute la vie. Les résidus végétaux et animaux provoqués par la mort recèlent en eux une nourriture variée qu'ils offrent à de nouveaux végétaux et leur permettent ainsi de croître. Plus le principe vital s'agrandit, plus il y a de végétaux et plus il y a de résidus. Ainsi, ce déploiement se fait comme une lente déflagration progressant vers les grandes forêts.

Tout être humain parcourant la forêt peut vérifier que la terre est couverte de restes de feuilles mortes, de branches, d'insectes, vivants ou morts, et des excréments des vers de terre. Si cet homme veut comprendre davantage sur quoi repose l'ordre des choses, il peut se pencher, écarter les résidus nouveaux : il constatera alors que, sous les résidus de l'année, ceux des années précédentes sont en voie de changement vers le principe de la fécondité. Il trouvera en creusant davantage ce principe achevé reposant sur la terre et aussi mêlé à elle et lui donnant une couleur sombre.

Si l'on fait une excavation assez profonde pour qu'un être humain puisse s'y tenir debout, alors on peut souvent voir que la terre profonde semble resserrée et dure. Encore dans l'inertie, elle est composée de fragments de roche et de glaise ou de sable. La terre du haut est plus légère, disloquée en de nombreux petits fragments par les racines des plantes. Puis on trouve la matière noire. Dans cette terre, l'eau s'infiltre avec aisance et le souffle peut s'y répandre sans obstacle. Cette terre boit et respire comme un être dont la santé est bonne.

L'être humain qui aura considéré ces choses saura une part du secret de la vie. De cette terre féconde jaillissent des plantes vigoureuses, des arbres s'élèvent vers le ciel. Les créatures animales peuvent y prospérer et proliférer. Les espèces animales et végétales sont d'une diversité outrepassant notre capacité à les saisir toutes à la fois.

La forêt est comme un chaudron où se fait une ébullition tiède dans laquelle les ingrédients cuisent mais pour mieux produire d'autres ingrédients, et ainsi sans fin. La matière noire issue de cette cuisson devient le combustible et le feu lui-même. Si nous prenons une poignée de cette matière dans la main, nous pouvons constater qu'elle est douce au toucher, un parfum agréable s'en dégage. Ce parfum se répand dans toute la forêt et nous donne une sensation de bien-être.

Considérant l'être de la terre, nous pourrions dire que la roche est comme son ossature et sa mère initiale, l'argile et le sable, sa chair, et la matière noire, son sang. La compréhension de ces choses nous éclaire sur ce que nous pouvons faire pour guérir la terre. Cet ordre s'est établi dès le commencement selon un cheminement très lent, et de la stérilité est née la fécondité. Il n'est rien qui ne soit engendré par la création qui ne puisse être désagrégé pour redevenir utile à la création.

En s'élevant vers le ciel, les arbres le relient à la terre. Ces êtres sont attirés par la chaleur et la lumière du soleil. Ils déploient leurs ramures dans le souffle, tandis que leurs racines pénètrent dans la terre. Contrairement aux créatures animales et aux êtres humains, les créatures végétales ne peuvent se mouvoir. Pour survivre, elles ont besoin d'une terre suffisamment pourvue en nourriture, d'eau pour les aider à absorber cette nourriture, de la chaleur et de la lumière pour constituer leur feuillage, du souffle pour leur respiration. Ainsi les arbres érigés sont enfants de tous les principes, ceux que nous pouvons saisir entre nos mains et ceux que nous ne pouvons saisir. Personne ne peut répandre dans sa maison une poignée de lumière, de souffle ou de chaleur. Ainsi la création est tout entière administrée par tous ces principes à la fois.

Comme toutes les créatures vivantes, les arbres inspirent et expirent. L'eau puisée par leurs racines dans la terre se répand dans leurs ramures et leurs feuillages et se dissipe dans le ciel. Cette transpiration aide à la naissance des nuages et à de nouvelles pluies. Ce mouvement incessant est d'une grande utilité et assure la prospérité de la forêt et de toutes les créatures qu'elle abrite.

Lorsque les arbres disparaissent, détruits par les hommes, le feu ou la sécheresse, tous ces avantages disparaissent avec eux. Et peu à peu la matière noire s'amenuise et tout ressemble à un pillage violent dénudant la terre mère de la couverture à laquelle elle donne la vie et de laquelle elle reçoit la vie.

Regardez notre terre : les arbres y ont été nombreux du temps de nos ancêtres. Nos anciens savent que notre terre n'a pas toujours été ce demi-désert avec des arbres dispersés et condamnés à mourir. La mort des arbres est comme un cri de douleur que la terre mère lance aux êtres humains. La souffrance de la terre est la souffrance de toutes les autres créatures. Lorsque la faim, le manque de nourriture nous afflige, c'est toujours la souffrance de la terre mère qui nous traverse. Car nous ne sommes pas séparés de la terre, nous sommes nés de ses propres viscères. Nos bouches sont ses bouches, nos bras, ses bras. Nous sommes ses nerfs les plus sensibles. Nous sommes des parcelles de l'esprit constructeur et notre pensée se nourrit de ses dons. Lorsque la nourriture nous manque, notre pensée décline, car l'animal en nous prend force pour échapper à la mort.

L'autre principe qui prolonge notre compréhension, c'est l'eau. Ce principe est étonnant, il est presque partout. Le froid en fait une roche lorsque la grêle tombe du ciel, le feu de la vapeur. Entre la grande chaleur et le grand froid, il est liquide. Le Grand Ordonnateur a mêlé l'eau à toute créature vivante, sans elle ni la terre, ni les plantes, ni les animaux, ni les êtres humains ne peuvent être. Lorsque notre corps cesse de vivre et que l'eau s'en retire complètement, il ne reste de nous qu'un peu de matière desséchée représentant le quart de ce que nous fûmes à l'état animé. Lorsque la tristesse ou le chagrin nous accable, l'eau s'écoule de nos yeux et la chaleur et l'effort la rejettent de notre corps sous forme de sueur. Nous sommes nous-mêmes eau.

L'eau remplit les vastes cavités de la terre et forme les mers. Les mers sont si profondes par endroits que nous ignorons ce qu'elles recèlent de créatures et de mystère. La chaleur du soleil hisse l'eau vers le ciel d'où elle nous revient en pluie. Elle dévale les montagnes, surgit des sources, se rassemble en ruisseaux, rivières et fleuves. Elle se réfugie dans l'obscurité des cavernes et des gouffres et devient silence et patience, ou bien se rue comme une troupe de buffles furieux au moment des crues et de l'agitation des océans. Elle est miroir limpide où se reflète notre image et celle du ciel, de la terre ou des arbres. Le murmure de la source s'écoulant entre les roches nous parle et dans la nuit tranquille apaise notre esprit. Lorsque la soif nous tourmente, l'eau nous hante comme un désir brûlant et nous n'avons de cesse qu'elle se soit écoulée dans notre corps qu'elle comble de satisfaction. À ce même corps enfiévré par la chaleur ou le vent, ou bien souillé par la sueur et la poussière, elle offre sa fraîcheur et sa pureté. Sur elle glissent nos pirogues, nos vaisseaux pour l'aventure, le voyage, la connaissance ou le commerce.

Grande servante de la vie, l'eau peut aussi servir la mort. Sa colère détruit parfois nos abris, emporte notre terre et anéantit nos corps. L'eau corrompue par les détritus, les excréments et l'urine des animaux et des êtres humains peut devenir fange. Des créatures, invisibles à l'œil, y prolifèrent, pénètrent notre corps et y introduisent des maladies et de mauvais germes. Bien des souffrances sont dues à l'eau corrompue. Le lagon silencieux où rien ne bouge peut receler la mort la plus sournoise, une mort aux multiples visages. Ainsi toute chose s'offre au discernement des êtres humains, car en tout la vie et la mort sont mêlées.

L'autre principe important à considérer est le souffle. Pour certaines traditions, il est le premier élément créateur sorti de la bouche du Grand Ordonnateur. Lorsque l'enfant est expulsé du sein de sa mère, le souffle le pénètre par la poitrine. Ainsi s'instaure la respiration qui accompagne toute notre vie. Au terme de cette vie, nous rendons le souffle et mourons. Avec les battements du cœur, le souffle est le principe qui introduit dans notre corps une cadence. Ces deux cadences nous rappellent sans cesse notre origine universelle administrée elle aussi par d'autres cadences, la nuit, le jour, les lever et coucher du soleil, les mouvements de la lune, les saisons. Tout l'univers est cadence. Le souffle occupe l'espace autour de nous et s'insinue partout où se trouve le vide. Il peut être un vent léger, agréable ou une tempête déchaînée de colère. L'oiseau déployant ses ailes est porté par le souffle, et la voile s'en saisit pour faire avancer l'embarcation. Il attise ou éteint le feu, assèche le marigot ou bien ajoute à la violence de l'eau.

Le souffle peut être chaud, froid, tiède. Il dissipe la fumée et transporte les odeurs. Corrompu, le souffle peut aussi nuire à notre santé. Où manque le souffle, nous ne pouvons vivre. Le souffle pousse les nuages chargés de pluie et fait naître l'espoir dans le cœur du paysan. Il peut aussi dénuder la terre et la voler au paysan, la dissiper et la disperser en poussière obscurcissant le ciel. Il recouvre de sable la terre nourricière et crée les déserts. Et pourtant, le chant du souffle dans les arbres réjouit notre esprit comme nous réjouit la flûte qu'il traverse, poussé par la bouche du musicien. Ainsi le souffle est aussi un principe bénéfique dont les excès peuvent être nuisibles.

Pour achever de parler des quatre piliers de la vie, nous devons citer le feu. Cet élément fait partie des principes créateurs. Le soleil est comme le roi du feu. Il séjourne dans le ciel et ressemble à une grande braise éclatante. Les rayons qu'il envoie sur la terre sont faits de chaleur et de lumière étroitement mêlées. Selon que les pays sont proches ou éloignés de ce grand foyer, ils sont plus ou moins chaud. Le soleil brille équitablement pour toutes les créatures. Il appartient à chacun de nous, sans appartenir à personne. Que l'on soit puissant ou misérable ne lui importe pas. Plus que la terre, l'eau et le souffle, le feu gouverne la diversité des créatures et des plantes et semble leur assigner leur lieu de vie. Les êtres humains sont les seules créatures à savoir disposer du feu, à l'entretenir, à le faire naître là où il n'est pas, par toutes sortes de moyens. Car le feu peut naître du choc des pierres, du frottement du bois. Il est dans l'éclair de l'orage fendant le ciel, comme dans les profondeurs de la terre. Le feu est le compagnon à la fois aimé et redouté des êtres humains. Il est le serviteur qui éclaire nos nuits, réchauffe nos corps et cuit nos aliments. Sa connivence avec le feu a rendu le forgeron puissant et redouté par certains peuples. Le forgeron a pu, grâce au feu, façonner les métaux pour tous les usages, le travail de la terre, la vie de tous les jours, les ornements et les joyaux, mais également ces outils de la violence que sont les armes.

Sans le feu, les êtres humains seraient bien démunis face à toutes les adversités de la vie. La chaleur et la lumière sont filles du feu. C'est de l'équilibre du feu et du froid qu'est née la tiédeur. Cette tiédeur habite et gouverne notre corps et le corps des créatures proches de nous. Nous sommes nous-mêmes un foyer modéré où la chaleur est ajustée d'une façon rigoureuse, car cet ajustement est vital. Lorsque le froid prend le dessus, nous souffrons, et lorsque la chaleur nous quitte complètement, nous mourons, et notre dépouille est rigide et froide. L'excès de chaleur dans notre corps devient fièvre lorsque la maladie nous afflige. L'excès de cette fièvre peut également entraîner la mort, alors que sa modération aide à la purification de notre corps.

Le feu a toujours hanté l'esprit des êtres humains pour leur bonheur ou leur malheur, car il peut à la fois être le serviteur le plus dévoué et le maître le plus redoutable. Toutes les créatures craignent ce génie fascinant. Lorsqu'il éclate en incendie, il détruit nos biens et nos forêts, ruine nos maisons. Mais il peut aussi se transformer en foyer de bonheur, repoussant les ténèbres, illuminant nos danses et nos fêtes.

La flamme éclairant notre maison, le feu dans le foyer apaisent notre esprit et nous remplissent de songes tranquilles. Lorsque l'aurore s'élève dans le ciel, elle nous annonce le grand triomphe de la lumière sur l'obscurité. Bien des peuples ont consacré au soleil des rituels de salut reconnaissant, car avec lui se dissipent certaines de nos peurs et renaissent dans nos cœurs de nouvelles jubilations.

À plusieurs reprises, Tyemoro a des hésitations. Bien que peu probables, il soupçonne d'abord des défaillances de mémoire. Je finis par comprendre lorsqu'il me dit :

— Dois-je te relater toutes ces choses ? Une grande part de cet enseignement est issue du savoir des Blancs et tu es un Blanc. Tu dois connaître tout cela. Peut-être pourrais-tu me donner un avis utile à ma communauté sans être instruit dans le détail de ce que nous avons fait et entendu ?

Mon intérêt est déjà bien aiguisé pour renoncer à cette parole, à cette translation d'un savoir étranger en dit et récit à tonalité traditionnelle, sans compter que ce récit est pour moi-même en partie un véritable enseignement. Être spécialiste d'une langue ne vous assure pas une connaissance universelle. En citadin enraciné dans le béton, j'ignore beaucoup de choses de la terre. J'exprime tout cela à mon ami en le priant de bien vouloir poursuivre sans rien omettre. Par ailleurs, le personnage d'Ousséini, émergeant des brumes, se précise. Il outrepasse le simple agronome pour se camper en prophète pratique, pédagogue, porteur sans doute de ces ambiguïtés, de ces troubles provoqués par la convergence de deux courants contradictoires comme deux chevaux fougueux qu'il faut atteler au même char ou en être écartelé. Ousséini me paraît avoir la poigne, et les résultats déjà obtenus confirment bien le caractère du véritable catalyseur. J'insiste encore auprès de Tyemoro pour que tout me soit dit. Je veux, avant de le rencontrer et visiter ses réalisations, le voir finir de naître de la bouche de mon vieil ami, ce vieil et cher ami initiateur redevenu un humble adolescent aux portes d'une nouvelle initiation. Il reprend donc les paroles d'Ousséini.

L'alliance du vieux Stiri

Ainsi, après avoir bien compris la signification des quatre piliers de la vie, nous pouvons reconstruire notre terre en nous appuyant sur leur force. Deux années s'étaient écoulées et mon labeur pourtant acharné ne me permettait point d'avancer suffisamment, et le découragement me gagnait parfois. La réprobation des miens s'était beaucoup amoindrie et de temps en temps un peu d'aide m'était consentie par ceux qui ne craignaient pas de pénétrer sur mes terres.

Un jour où mon esprit était habité de tristesse, je suis allé au grand village pour me distraire de ma solitude et visiter des amis. Certains m'enviaient d'avoir une résolution, car ils se plaignaient de n'en avoir aucune après leur longue initiation semblable à la mienne et l'oisiveté amollissait leur esprit. D'autres me raillaient, comme les gens du village. Au bout de quelques jours, un petit nombre de ces amis a décidé de m'accompagner pour m'aider. Cela a provoqué quelques remous de courte durée parmi les miens. En peu de jours, tout est devenu calme, car ces gens faisaient montre d'une grande qualité d'êtres humains et les villageois les ont vite admis et estimés.

Les nouveaux venus étaient au nombre de cinq, deux femmes et trois hommes. Bien que de différentes ethnies, nous nous connaissions bien pour avoir appris ensemble à tracer la parole. J'étais cependant le seul à avoir une initiation à la terre. J'étais heureux de toutes ces nouvelles choses. Mes amis ont convaincu les miens du bien-fondé de mon choix. Ils ont dit :

Parole de terre

« Nous avons passé beaucoup d'années dans les maisons d'initiation, mais cela ne nous sert pas à construire notre pays. Nous voici menacés de famine et la misère nous guette partout dans les grands villages et dans les campagnes. Naguère, notre pays nourrissait ses habitants. À présent, nous devons être nourris par d'autres pays et les Blancs ne cessent de nous secourir ou de nous échanger de la nourriture contre les biens que recèle notre terre. Et voici que les chefs suprêmes de nos pays accaparent les biens de notre terre commune pour les amasser dans les pays des Blancs ou les dilapident en échange de toutes les choses façonnées par les Blancs. Nous avons compris que tout peuple qui ne pourvoit pas à sa nourriture perd sa liberté. Le tissu coloré figurant notre pays ne flotte pas dans le vent de la liberté, cela est mensonge, il flotte sur des servitudes et des esclavages déguisés en liberté. Tout peuple, comme tout être humain valide, n'assurant pas sa nourriture, perd sa dignité et ne peut être considéré comme libre. C'est pourquoi nous devons renoncer à certaines chimères que notre initiation nous a mises en tête. Nous devons faire de notre savoir l'instrument de notre libération. Et cette libération commence par notre nourriture, et notre nourriture commence par la terre. De cette solide fondation, nous pourrons alors aller vers d'autres actes utiles à notre vie et vers l'accomplissement de notre pays et de nous-mêmes. Il faudra pour tout cela cesser de nous quereller, de nous dresser ethnie contre ethnie ou pays contre pays. Il faudra cesser de répandre partout toutes ces créatures meurtrières, car elles ne portent que la ruine et il n'y aura, à la fin de nos massacres, que des vaincus. La terre mère a besoin de paix pour s'épanouir et épanouir ses enfants. »

Ces paroles et bien d'autres, empreintes de sagesse, ont convaincu les villageois. Parmi les nouveaux venus, il y avait une femme initiée à soigner les maux à la manière des Blancs. Un autre savait les règles régissant le monde nouveau. Un autre était habile à l'usage de toute sorte d'outils et à de multiples métiers concernant l'édification des abris, le façonnage du bois et du fer et la compréhension des créatures de métal.

En peu de temps, notre groupe est devenu fort, car nous nous sentions utiles à la terre, aux gens du village et à nous-mêmes. Notre résolution eut raison de la réticence des villageois, et les jeunes du village étaient heureux et empressés. Le chef Moulia lui-même décida de nous aider. Le vieux Stiri, doyen de notre communauté, respecté pour sa clairvoyance, dit un jour aux villageois réunis :

« J'ai été troublé comme vous par les agissements d'Ousséini. Maintenant, j'ai la certitude que son cœur et celui de ses compagnons sont purs, la vérité les habite. Il faut se rendre à leur avis et ne pas entraver leurs gestes. Ces gestes nous seront bénéfiques et il faut bien qu'un arbre vivant puisse porter des fruits. Laissez ces gens ouvrir les nouveaux chemins. Ils ont du savoir nouveau, laissez-les le marier au savoir de nos ancêtres. De cette union naîtront les étoiles que nous attendons pour nous guider, naufragés que nous sommes sur les rivages d'un fleuve sans nom. Et ces étoiles nous diront où nous sommes et comment faire vivre la vie. Quant aux terres interdites, ne les redoutons plus, elles sont maintenant purifiées et les génies dont elles sont le séjour ont accepté de les partager. Si tel n'était pas le cas, des châtiments se seraient déjà abattus sur les profanateurs et sur nous-mêmes. Je sais que mes jours ne seront pas nombreux et les ancêtres m'attendent. Avant de vous quitter, je dois accomplir un acte que les songes m'ont assigné, et je dois l'accomplir aujourd'hui... »

Le vieux Stiri s'est levé avec difficulté. Il a saisi son bâton, a soufflé un instant et s'est mis à marcher sur le sentier qui mène aux terres interdites. Toute l'assistance lui a emboîté le pas. Cela a duré longtemps, car le doyen marchait lentement et refusait d'être aidé. Il a franchi les limites des terres interdites et s'est avancé jusqu'en leur milieu. Cela a d'abord étonné la plupart des assistants. Certains encore craintifs ont hésité à le suivre. Mais, peu à peu, tous se sont rapprochés de lui et l'ont entouré, car cet homme jouissait d'une grande vénération.

Il a demandé une houe qu'un enfant est allé chercher dans ma remise. Le doyen s'est péniblement incliné vers la terre pour ouvrir un sillon comme au temps de sa jeunesse. Lorsque le sillon a atteint trois pas de long, le vieillard a saisi une petite bourse de cuir suspendue à son cou, il en a extrait des graines de céréales et a ensemencé le sillon. Après cette tâche, il a dit : « À présent je suis engagé auprès de ces jeunes et sur cette terre. Je ne crois pas que la mort me permettra de récolter le fruit de ce petit effort, mais vous vous souviendrez que le vieux Stiri, usé par la vie et proche de s'éteindre, n'a pas eu peur. »

Depuis ce jour, les dispositions d'esprit et de cœur ont changé dans la communauté et je suis redevenu enfant de cette communauté. Depuis ce jour, j'ai pu rendre à mon peuple le dévouement qu'il avait eu à mon égard. Nous avons rassemblé nos forces pour lutter ensemble contre le mauvais sort sur les terres des esprits et sur toutes les autres terres. Peu de temps après, je pris pour épouse Bilila, la femme initiée à soigner les maux à la manière des Blancs. Certains n'approuvèrent pas tout d'abord cette union car Bilila n'était pas

Parole de terre

de notre ethnie, mais la plupart des femmes se réjouirent au contraire d'avoir pour toujours une guérisseuse qui sait soulager leurs maux et ceux de leur progéniture. Elle était de même habile à leur enseigner comment éviter les tourments de santé par la nourriture, la purification de l'eau, la pureté corporelle et bien d'autres secrets appris chez les Blancs qui s'ajoutaient aux savoirs hérités des ancêtres.

Les suspicions et les peurs dissipées, une grande tranquillité s'étendit sur tout le village. Les villageois exprimèrent le désir d'apprendre de moi les moyens de guérir notre terre malade, disant qu'ils étaient disposés à accomplir les actes que je leur commanderai. Abinissi, le maître de la terre lui-même, prit la résolution de nous être favorable. Nous lui avons fait part de notre volonté de respecter les dispositions inspirées par son magistère et de ne rien faire pour contrarier les décrets dictés par l'esprit de la terre. Nous avons encouragé le maître de la terre à circonscrire les bois sacrés selon la coutume très ancienne, afin de les protéger de la déprédation et de l'épuisement. Cela lui procura un étonnement heureux, car il avait le sentiment que notre initiation blanche nous avait éloignés de l'esprit de la terre. Nous étions au contraire très favorables à l'épargne des biens naturels, le gibier, les plantes remèdes, les arbres et toutes les espèces prodiguées par notre terre mère et dont nous tirons profit et bien-être. Si tous ces biens ne sont pas protégés, nous en abusons et condamnons nos enfants et leurs enfants à n'en pas tirer avantage. Ces biens sont le don du Grand Ordonnateur et doivent être respectés et équitablement partagés aujourd'hui et dans l'avenir.

Toutes ces nouvelles dispositions ont libéré notre esprit et nous ont permis de répondre à nos devoirs. Pour agir avec justesse, les êtres humains doivent comprendre les raisons de leurs actes. C'est pourquoi j'ai instruit les miens de ce dont je vous ai entretenu : les racines de la vie, les quatre piliers fondateurs et toute chose nécessaire pour éclairer l'entendement. Nous avons considéré notre terre menacée par le désert et avons décidé de rétablir, pour en être guidés, l'anneau sacré reliant la terre, les plantes, les animaux et les êtres humains. Ces quatre principes ont besoin d'eau, de souffle, de chaleur et de lumière, cela prouve leur parenté. Nous avons vu que le souffle, la chaleur et la lumière étaient toujours abondants. Par contre, l'eau n'est plus aussi abondante que du temps de nos pères, de nos grands-pères et de nos ancêtres. Les mares se dessèchent et le ciel n'est plus aussi prodigue de pluie. Certains de nos puits n'ont plus de salive. Nous avons constaté que la pluie du ciel entraîne la terre vers les mares et les rivières d'où elle ne revient plus jamais. Nous perdons ainsi la terre maternelle, celle dont nous tenons notre nourriture.

Nous avons constaté que le souffle aussi emporte en poussière la terre maternelle. Nous nous sommes dit que ce pillage devait cesser au plus vite car, par endroits, il ne reste que l'ossature de roche, et sur la roche rien ne prospère. Nous avons considéré la terre et elle nous a paru durcie par le soleil. Elle semble fermer toutes ses portes à l'eau du ciel, et lorsque la terre se ferme à l'eau du ciel, nos récoltes sont faibles et parfois nous ne récoltons rien. Une terre bien pourvue en eau remplit son ventre, nous le voyons lorsque nous creusons des puits. Certains puits sont de faible profondeur et l'eau y abonde. D'autres sont très profonds, avec des quantités modérées, et nos besoins doivent s'y ajuster. Parfois nous ne trouvons pas d'eau, malgré notre courage à la rechercher en tous lieux et en toute profondeur. Ainsi, l'eau contenue dans les entrailles de la terre n'est pas également répandue. Il est des pays où elle tombe abondamment, elle n'est pas un souci pour le paysan, et parfois son excès nuit à la terre et aux plantes et le paysan doit le réduire par des aménagements appropriés.

Chez nous, l'eau manque, et nous nous sommes dit qu'elle ne devait plus se perdre. Nous avons alors considéré les terres inclinées sur lesquelles l'eau dévale en emportant ce qu'elles ont de meilleur. Nous avons décidé de faire obstacle à l'eau, de la retenir sur la terre, de la contraindre à rester sur la terre pour en être absorbée. Munis de nos houes et de tout instrument utile à cet ouvrage, nous avons constitué, avec de la terre, de petits talus allongés d'une coudée de haut en travers des pentes, de bas en haut. Là où elles abondent, nous avons fait usage des pierres que nous avons alignées en les resserrant les unes contre les autres afin de contrarier le ruissellement. Tout le village, hommes et femmes, a contribué à cet ouvrage, seuls les vieux sont restés pour garder les enfants et les maisons.

À ce point de son enseignement, Ousséini nous invite à l'accompagner pour examiner les ouvrages d'une façon plus réelle car notre imagination ne suffisait plus à la compréhension. Notre groupe a donc suivi l'initiateur et arpenté avec lui les terres ordonnées de la façon qu'il disait. Nous avons vu que les ouvrages avaient été considérables. Partout, la terre était comme scarifiée par les alignements de pierres ou de terre haussés en longs petits talus comme de grosses cordes épousant les déclivités et les élévations du terrain. Cette disposition faisait partout obstacle au ruissellement, obligeait l'eau à s'amasser

Parole de terre

sur les pentes et ainsi à donner à la terre durcie le temps de l'absorber.

Tout en nous entraînant, Ousséini continuait de nous enseigner :

Après ce travail, dit-il, nous avons eu des récoltes plus abondantes que sur les terres où nous n'avions rien changé. Il faut savoir que la terre est le meilleur refuge de l'eau. Elle y pénètre lorsqu'il pleut, et si la sécheresse survient, cette eau remonte vers la partie la plus élevée. Ainsi, lorsque nous cultivons sur des terres bien abreuvées, nos plantes profitent de l'eau reçue tout d'abord du ciel, et après de celle que la terre a mise en réserve pour les jours difficiles et qui s'élève vers les racines de nos plantes. Quant à l'eau en surabondance, elle rejoint les entrailles profondes de la terre et nous la retrouvons en creusant des puits. C'est ainsi que nous avons pu voir certains de nos puits et certaines de nos sources reprendre vie et nous offrir à nouveau l'eau dont ils n'étaient plus pourvus depuis quelques années.

Par contre, lorsque les mares se remplissent trop vite, cela veut dire que la terre ne s'est pas suffisamment abreuvée. Il n'y a donc pas lieu de se réjouir car une grande partie de l'eau contenue dans les mares sera dérobée par le soleil. Et lorsque la mare se dessèche, nous y trouverons, amassée et durcie, la terre arrachée aux pentes dominant la mare et cette terre est perdue. Pour consolider tout cet ouvrage, nous avons installé sur les talus des herbes à fort enracinement. En s'étalant sur les serpents de terre, les herbes les protègent de la destruction par le vent, les pieds des humains et des animaux, et les marient intimement aux terres dont elles retiennent l'eau. De cette façon, nous n'aurons pas à refaire cet ouvrage trop souvent.

Après cet ordonnancement, nous avons vu qu'une partie des pluies s'enfuyait encore par les petits vallons et les creux en déclivité. Nous avons décidé de rassembler une grande quantité de pierres. Et après avoir creusé la terre et les flancs des vallons, pour les y assujettir, nous avons édifié des murs, d'un bord à l'autre des vallons et suffisamment hauts et larges pour résister à la poussée de l'eau et la contraindre à s'amasser derrière ces murs. En peu de temps, nous avons vu que cela était bénéfique, car nous pouvions ainsi disposer d'une bonne quantité d'eau pour les jardins durant la saison sèche, et les puits des alentours s'en trouvèrent améliorés.

Toutes sortes de végétaux s'établirent autour de cette mare, et nous avons même pu l'ensemencer de poissons qui se reproduisent selon leur nature et dont nous tirons profit équitablement. Par tous ces actes, nous avons réconcilié l'eau avec la terre et transformé la rudesse destructrice de leur rencontre en complicité féconde au profit de notre communauté.

Nous avons vu que le vent opiniâtre des temps de sécheresse continuait à ruiner notre terre, à l'emporter en poussière. En considérant ces terres, nous avons vu qu'elles étaient sans protection contre cet autre principe devenu destructeur. Au temps de nos ancêtres, la terre était couverte d'une grande toison d'arbres et de plantes et le souffle violent ne pouvait l'atteindre. De même, la pluie se heurtait à ce manteau et n'entamait pas sa chair. À présent, elle est partout dénudée et nous avons décidé de la protéger.

Nos anciens nous ont enseigné d'où venaient les vents les plus fréquents. De même que nous avions réussi à modérer la force de l'eau en créant des obstacles sur son chemin, nous devions le faire pour le vent. Nous savions que cet ouvrage serait d'un grand bienfait car les terres parcourues librement par tous les vents se dessèchent et les plantes et les arbres à fruits qu'elles portent sont tourmentés et souffrent de cet état. Je savais, pour l'avoir vu ailleurs, qu'on pouvait édifier contre le vent des murs vivants faits de plantes et de petits arbres. La résistance particulière de certaines espèces les désigne pour remplir cet office. Nous avons découvert que ces plantes et ces arbres prospéraient dans notre pays. Certains arbres sont épineux avec des ramures disposées en largeur, comme des bras étendus, d'autres s'érigent avec des ramures et un feuillage resserré. La nature offre beaucoup d'espèces et de conformations.

Tout bon paysan sait que la terre n'est pas partout d'égale complexion. Le paysan sait qu'en tel endroit les céréales prospèrent mieux qu'en un autre, il en va de même des autres plantes ou arbres. La terre peut avoir à notre regard un visage uni, mais en réalité chaque parcelle peut comporter un caractère particulier qui la rend apte à générer certaines espèces mieux que d'autres. La disposition des terres, selon qu'elles s'offrent au soleil levant ou couchant, ou une autre orientation, ajoute à leur caractère. Nous avons collecté des graines et des surgeons, des boutures et de jeunes plants des espèces nécessaires, et nous avons entouré nos parcelles. C'est pourquoi vous voyez partout des champs clôturés par ces murs vivants que nos soins ont aidés à s'élever rapidement. Ces clôtures, constituées de plantes épineuses et parfois vénéneuses, ont aussi le pouvoir de contenir les animaux hors des champs, car il n'est pas bon que ces créatures compagnes puissent aller partout et en toute liberté. Leurs pieds et leurs dents peuvent causer de grands dommages à la terre et aux plantes vivant sur les parcelles. Ainsi la terre et les plantes protégées du vent et des animaux peuvent s'épanouir sans aucun tourment et nous rendre en bienfaits de toute nature notre dévouement pour elles.

Nous avons donc par toutes ces dispositions tenté de rétablir l'harmonie perdue entre la terre, l'eau et le souffle. Notre maître de la terre a mis en protection les bois sacrés qui s'étendent au loin. Nous avons tous, hommes, femmes, enfants, vieillards, veillé à ce que les interdits soient respectés, car nous en avons compris les vertus et les avantages pour notre vie et celle de notre postérité. De ces lieux interdits, la fraîcheur et les senteurs s'épanouissent. Elles sont bénéfiques à notre village, à nos jardins, à nos enfants. Nous savons que sous les nombreuses ramures des arbres prospèrent et se multiplient des animaux et des plantes dont nos ancêtres ont toujours fait bon usage. La terre ainsi rendue à ses soins retrouve un peu l'ordre et les bienfaits de la nature originelle.

Il nous faut à présent parler de la terre elle-même, de cette matière que nous pouvons saisir, sur laquelle nous marchons chaque jour, dont nous pouvons faire de nombreux usages, construire nos maisons, façonner des objets utiles à notre vie de chaque jour. Parfois cette terre peut même guérir certains de nos maux et, lorsque la vie nous quitte, nos semblables nous confient à elle et nous sommes enterrés, confondus dans cette matière où notre corps se dissipe. Nous pouvons dire beaucoup de la terre, mais nous nous bornerons à la terre du paysan, celle à laquelle nous confions les semences, les arbres et toutes les plantes dont nous tirons notre nourriture de chaque jour.

Tout en parlant, Ousséini nous entraîne vers une excavation longue de deux pas, large d'un pas et assez profonde pour qu'un homme de petite taille puisse s'y tenir debout. Il nous dit que les racines de la plus grande partie des plantes que nous cultivons n'outrepassent pas beaucoup cette profondeur, si l'on excepte les racines des arbres. La terre retirée du trou avait été disposée en trois monticules. Notre initiateur nous fait examiner ces masses de terre et dit :

Voici la chair de notre terre. Afin de mieux comprendre sa complexion en cet endroit, nous avons pris soin de ne pas déranger l'ordre dans lequel les couches se sont établies. Le premier monticule provient de la partie la plus profonde. Il est de couleur jaune. Des pierres de même couleur s'y mêlent. Lorsque je saisis cette terre et la presse dans la main comme ceci, elle garde la forme de la contrainte de ma main. Je peux la pétrir et lui donner toutes sortes de formes. Le potier peut en façonner des pots et des écuelles que le feu rend durs comme la roche originelle qu'elle a été avant que la nature et le temps la dissolvent et l'amollissent pour en faire de la glaise. La glaise mouillée colle à nos mains et aux outils. Nos pieds ne sont pas assurés lorsque nous marchons sur elle, car elle est glissante. La glaise peut boire beaucoup d'eau et la retenir. C'est ainsi qu'elle épargne l'eau, la fait captive au profit de la terre nourricière. Elle s'oppose à sa fuite vers les profondeurs. Ainsi la glaise est fort utile en cet endroit de la terre nourricière. La matière végétale y est rare, si ce n'est quelques débris de racines d'arbres. Lorsque nous exhumons cette matière et l'exposons au soleil, elle devient dure, se divise en mille fragments. Sur la glaise pure, les végétaux prospèrent difficilement car l'humidité et la sécheresse y sont extrêmes.

Le deuxième monticule est fait de glaise et de sable et se situe au-dessus du premier. La matière végétale y est un peu plus présente que dans le premier monticule. Lorsque je la presse dans la main, cette matière se resserre, garde la forme de mes doigts, mais se brise aisément. Le sable et la matière végétale contrarient la cohésion de la glaise. Le sable n'a pas le pouvoir de la glaise :

l'eau le traverse rapidement et il ne la retient pas. Il s'en imprègne légèrement et se dessèche en peu de temps. Le sable ne colle pas à nos mains et nos outils le bouleversent aisément, mais pour y prospérer les plantes doivent être fréquemment abreuvées. Le mariage du sable et de la glaise est cependant plus avantageux pour les plantes que l'un et l'autre séparés. Il donne aussi à la glaise un peu de souplesse et elle assure au sable un peu plus de cohésion.

Le troisième monticule est issu de la couche la plus élevée, celle que nous foulons de nos pieds et fouillons avec nos houes. En l'examinant attentivement, nous voyons que la matière végétale y est plus abondante, elle est de couleur plus sombre, et lorsque nous la serrons dans nos mains, elle ne garde pas longtemps la marque de nos doigts, mais retrouve aussitôt sa disposition naturelle. La matière végétale présente dans la terre de surface provient des résidus des plantes et des racines. Les racines l'ont divisée en nombreux petits fragments. Dans cette terre, la glaise, le sable, la matière végétale se sont étroitement mariés. Ce mariage donne la terre la plus féconde, car chaque matière ajoute aux autres sa qualité particulière et les plantes tirent parti de l'ensemble des qualités. La part de sable, d'argile et d'autres matières non végétales peuvent varier. De même, selon les lieux, la terre n'est pas sem-

Parole de terre

blable. La roche mère, selon sa nature, donne à la terre sa coloration, sa consistance et son caractère. Bien d'autres considérations pourraient nous faire comprendre le corps de la terre nourricière. Ce corps ressemble à un estomac, et si nous réfléchissons bien, nous pourrions dire que c'est notre premier estomac. Cela voudrait dire que nous marchons sur notre estomac, que nous le labourons avec nos houes, que nous l'ensemençons. Cet assemblage de glaise, de sable, de roche, que nous ne saurions digérer, engendre de la nourriture invisible à nos yeux. Cette nourriture fait vivre et grandir les plantes que notre deuxième estomac peut à son tour digérer. Ces plantes alimentent également des animaux dont nous consommons la chair, le lait, les œufs. Ainsi sommes-nous à l'intérieur d'un ordre auquel la terre donne le premier mouvement et dont nous ne pouvons être retranchés sans périr.

Il faut maintenant comprendre une chose importante : un assemblage de glaise, de sable, de roche ou d'autre matière inerte devient stérile s'il n'est pas lui-même nourri. Il en va de même de tout estomac qui ne reçoit pas de nourriture : la mort le menace.

Nous avons déjà parlé de la façon dont la matière brune ou noire est réalisée par la transformation des débris végétaux et animaux. Nous avons compris la grande vertu de cette matière sans laquelle la vie sur terre serait impossible. Car elle est à la fois mère et fille de la forêt — et sans elle la terre ne peut être féconde. Cette matière est issue des débris végétaux transformés par une multitude d'insectes, d'animaux et de végétaux invisibles à nos yeux.

Nous avons considéré le labeur particulier des vers de terre évoluant en tous sens dans la terre et la brassant avec patience, faisant remonter ce qui est en bas et descendre ce qui est en haut. Ce sont eux encore qui digèrent la matière végétale ; la glaise et d'autres éléments contribuent à les marier intimement et créent de la terre féconde. Cet ordre des choses s'est établi depuis le commencement et ne peut être rompu sans risque grave pour la terre et pour les êtres humains. Lorsque cette digestion cesse, la matière noire n'est plus créée, la terre a faim, les plantes diminuent et disparaissent, le désert s'installe et les êtres humains s'en vont.

Les êtres humains demandent aussi aux animaux leur subsistance. C'est ainsi que le berger, errant à la recherche des plantes pour nourrir son troupeau, ignore la terre qui donne naissance à la plante, car seuls les plantes et les animaux l'intéressent. Lorsque des animaux nombreux parcourent la terre en tous sens à la recherche de la plus petite plante, ils lui font du mal, car leurs pieds la meurtrissent, l'eau et le vent peuvent la ruiner davantage et leurs dents la privent des plantes qui la protègent et lui rendent en mourant un peu de la vie qu'elle leur a donnée. Lorsque le berger s'aperçoit que la terre fatiguée ne donne plus assez de plantes, il prend un outil tranchant et coupe les ramures des arbres pour nourrir ses animaux, et les arbres démembrés meurent à leur tour, et la terre est alors à la fois veuve et orpheline, car elle est l'épouse, la mère et la fille des arbres.

La nourriture de la terre

Le paysan mal avisé demande aussi à la terre de le nourrir sans rien lui donner. Alors elle ressemble à une nourrice qui doit allaiter de nombreux enfants sans jamais manger elle-même Chacun de nous peut comprendre qu'il n'y a ni ordre ni justice en cela.

Dans l'anneau sacré, la terre nourrit les plantes, les plantes nourrissent les animaux, les animaux et les plantes nourrissent les êtres humains, mais qui doit nourrir la terre? Cette terre que nous labourons et ensemençons, nous ne pouvons sans cesse lui demander sans rien lui donner. Si les êtres humains ne la nourrissent pas, ni les animaux ni les plantes ne peuvent le faire. Comme elle est cultivée chaque année, la nature ne peut le faire non plus. Le paysan avisé comprend que son devoir est de nourrir sa terre mère s'il veut en être nourri.

L'un des assistants a dit à Ousséini : « Tes propos sont justes et nous les approuvons. Nos ancêtres avaient des façons pour répondre à ce besoin qu'a la terre de se nourrir. Du temps où j'étais enfant, nous faisions sur nos champs de nombreuses petites excavations, longtemps avant les semailles. Ainsi, le vent et le temps y accumulaient des débris comme en un piège. Ces débris se mariaient à la terre et nous ensemencions dans ces trous. Cela permettait, à l'évidence, d'obtenir de meilleures récoltes. »

Un autre a dit : « Chez moi, je prends soin chaque année de répandre sur mes champs les déjections des animaux et même des êtres humains. »

Un autre encore a dit : « J'ai utilisé pendant des années la poudre des Blancs. J'ai tout d'abord beaucoup récolté, mais peu à peu la terre devenait moins généreuse. J'ai pensé : je ne lui donne pas assez. Alors, j'ai augmenté la quantité de poudre, mais cela me demandait de plus en plus de cauris. J'ai arrêté car je ne parvenais plus à payer, mes récoltes ne suffisaient plus. Parfois, les plantes étaient comme brûlées par la poudre lorsque la pluie était insuffisante, et d'autres fois la récolte n'était pas suffisante malgré l'abondance des pluies. Nous avons été nombreux à renoncer à cette nourriture. De plus, nous avons constaté que la poudre rendait la terre sèche et dure. Cela nous a décidé à venir voir et comprendre vos façons. En échangeant entre nous, nous avons appris les uns des autres nos difficultés à obtenir de nos champs des récoltes suffisantes pour nourrir nos enfants. Nous reconnaissons le bien-fondé de tout ce qui nous a été dit, cela éclaire notre entendement. Chacun de nous rend grâce au labeur de ce village, prospère entre tous. Ce village est devenu lui-même un être entier, épanoui malgré le désert. Et ce village doit inspirer d'autres villages. C'est pourquoi nous le bénissons et appelons sur lui les bienfaits du ciel. Après tout ce que nous avons appris sur la façon de rétablir l'harmonie entre la terre, l'eau, le souffle et toutes choses bénéfiques à notre terre, il nous faut savoir à présent comment vous la nourrissez. Il nous a été dit que vous aviez des façons que nous aurions avantage à connaître pour notre gouverne. »

À ces mots, Ousséini dit : Il est dans nos traditions des savoirs dont les bienfaits n'ont jamais été démentis. Cependant, nous les avons abandonnés et cela est une grande perte. Il faut donc qu'ils soient rétablis. Les savoirs des êtres humains se sont toujours ajoutés les uns aux autres. À présent, nous pensons que ceux des Blancs sont les meilleurs et nous nous sommes détournés des nôtres, les considérant parfois avec mépris. Nous nous sommes dit : « Les Blancs doivent avoir la vérité puisqu'à l'évidence ils sont prospères et puissants. » Les Blancs ont certes beaucoup de bonnes choses à enseigner à leurs semblables d'autre couleur et ils ont aussi de bonnes choses à apprendre d'eux. Mais ils n'ont pas que de bonnes choses et ils doivent une grande part de leur prospérité aux biens dont ils ont disposé partout dans le monde et chez tous les peuples du monde. Celui qui peut puiser dans la marmite de ses voisins n'a pas de difficultés à engraisser.

J'ai été initié par les Blancs à leur façon de cultiver la terre. Mais leur façon de faire a rompu l'anneau sacré. Leurs pères respectaient la terre, la nourrissaient, la protégeaient. Ils donnaient même parfois aux parcelles de terre des noms comme à des personnes. Des murs vivants les protégeaient du vent, de la chaleur et du froid. Le paysan savait que sa terre était vivante et sensible. Les nouveaux cultivateurs ont voulu que la terre donne en abondance et en surabondance pour avoir toujours plus de cauris. Ils ont fait usage de beaucoup de poudre, de poisons et de créatures de métal parfois trop rudes et brutales pour la terre. La terre se plaignait mais ils ne l'entendaient plus.

Ces façons ont empoisonné la terre, l'eau et même la nourriture. Ainsi ces gens ont-ils une nourriture abondante, mais elle ne porte plus en elle les principes de la vie. Elle est devenue une matière morte favorable à des maladies. Certains Blancs dépensent plus de cauris pour soigner leur corps et leur esprit que pour se nourrir. Cette défaillance va toujours croissant. Ce chemin n'est pas bon et éclairé, nous devons prendre garde de ne pas nous y égarer. Mais, bien qu'erroné, il comporte malgré tout bien des savoirs utiles aux êtres humains. L'homme qui rejette tout n'est pas un homme éclairé. En toute chose, nous devons discerner ce qui est bon et ce qui ne l'est pas. Dans tous les actes des êtres humains se mêlent le bon et le faux, le juste et l'injuste. À nous de distinguer l'utile et le nuisible en toute chose. Conformément au souci du bien commun, en purifiant notre propre cœur des ressentiments ou des condamnations qui peuvent l'empoisonner, nous purifions les actes dictés pour la vie. C'est de mon initiateur blanc que je tiens ces vérités. La nature a établi elle-même ce pouvoir et le paysan avisé doit le respecter et le perpétuer. Ainsi, lorsque la terre nous a donné les récoltes, nous devons partager équitablement. Les graines, les légumes, les fruits reviennent aux humains, les pailles et certaines plantes reviennent aux animaux, et les rebuts végétaux ainsi que les déjections des animaux représentent la part de la terre. La terre, comme dans la forêt, se nourrit des déchets. Cependant, le champ du paysan n'est plus administré par la nature seule. Il est soustrait aux soins qu'en avait la nature. Le paysan demande à son champ de le nourrir chaque année et ne lui laisse pas de repos. Et si le paysan n'y prend garde, le champ se fatigue, s'épuise. Et comme les êtres humains sont de plus en plus nombreux, nous ne pouvons administrer les champs en les défrichant comme il nous a été dit, passant d'une parcelle à l'autre. Avec ces façons, les êtres humains vivant dans la forêt la détruisent déjà et cela les condamne car c'est ainsi qu'ils ont aidé le désert à s'établir. Il est donc très important d'apprendre à maintenir nos champs toujours féconds et même à déployer leur force par nos soins. Nous avons ce pouvoir de laisser, d'une génération à l'autre, une terre toujours meilleure sans ruiner les terres sauvages administrées par la nature, bénéfique à elle-même et à nous-mêmes.

Ousséini nous a entraînés vers le bord d'un champ sur lequel s'agencent côte à côte trois amoncellements de déchets de hauteur et longueur modérées. Notre initiateur s'est arrêté devant l'un d'eux, a écarté la paille et a prélevé une poignée d'une certaine matière qu'elle recouvrait. Il a invité chacun de nous à faire de même. J'ai donc moi aussi eu dans les mains cette matière. Elle était douce de consistance, brune de couleur. En la respirant, j'ai pu me rendre compte qu'elle répandait un agréable parfum. Les plus vieux d'entre nous se sont réjouis, affirmant que c'était bien l'odeur des forêts de leur enfance. Moi-même me suis trouvé un instant dans des souvenirs et des sensations du temps où l'ordre naturel prévalait encore. Ousséini nous dit :

Vous avez entre les mains la vraie nourriture de la terre, et cette nourriture, chacun de nous peut la réaliser. Il faut accorder à cette œuvre beaucoup de soins, c'est l'acte majeur par lequel l'être humain retrouve sa place d'intendant soucieux de garder à l'anneau sacré toute sa vitalité. Ce que la nature crée, la nature a prévu de le transformer, de le digérer. Tout notre village le sait et rien n'est perdu. Chaque famille veille à traiter les détritus issus de la vie domestique comme un bien précieux. Les fanes, les pelures des fruits et des légumes, les balayures des maisons, tout cela doit être restitué à la terre. Bilila, mon épouse, qui est guérisseuse comme vous savez, encourage les femmes à ces pratiques considérées par elle comme bénéfiques, car les détritus sont source de germes et d'insectes impurs, nuisibles au bien-être et à la santé des enfants. Notre village est de cette façon exempt de souillures et d'odeurs désagréables issues de la corruption.

Chaque famille s'occupe d'acheminer vers son propre champ les détritus récoltés. Certaines familles élèvent des lapins, des poules ou un pourceau. Ces animaux tirent profit de ces résidus et restituent des déjections qui sont ajoutées à celles, plus abondantes, des vaches et des chèvres qui mêlent leurs propres déjections à la paille et aux herbes leur servant de litière. On peut ajouter à tout cela les feuilles mortes, les plumes, les poils, les cendres du foyer, de la glaise et même les cornes et les os des animaux. Comme une bonne mère de famille rassemble les ingrédients pour procéder à la cuisson des aliments pour nourrir sa maisonnée, le paysan et la paysanne font de même pour nourrir leur champ, mais il s'agit en réalité d'une cuisson-fermentation. Si l'on se contente de répandre les ingrédients sur la terre, une grande partie sera perdue et la terre exposée au soleil, à l'insuffisance de l'eau et au vent ne pourra pas les digérer. Même les déjections des animaux que cer-

Parole de terre

tains parmi nous disent utiliser pour fertiliser leur champ perdent une partie très importante de leur pouvoir car elles ont le même effet que certains aliments crus pour l'être humain. Comme vous pourrez le vérifier, chaque famille dispose d'un endroit particulier pour réaliser aisément l'œuvre de fermentation.

Dans le choix du lieu sur lequel nous sommes, nous avons tenu compte de plusieurs exigences. Pour la fermentation, l'eau est indispensable et l'ombre nécessaire. Le soleil et le vent desséchant sont nuisibles à la fermentation et l'on doit s'en prémunir. Nous avons donc ici le puits. À côté du puits est un bassin où nous avons accumulé les pailles des céréales et d'autres déchets. Depuis deux jours, nous avons rempli le bassin afin que les pailles puissent être profondément pénétrées par l'eau. Le reste des déchets se compose des déjections des animaux, des feuilles mortes et de toutes sortes d'autres détritus. À côté des détritus issus des végétaux et des animaux, nous avons constitué un monticule d'argile, et la cendre de bois est dans le panier que vous voyez. Le besoin d'ombre, faute d'arbres, peut se résoudre en édifiant des abris de branchage ou en couvrant les meules avec de la paille, des nattes ou tout autre moyen. Le lieu où se trouve l'eau aura notre préférence. La présence d'arbres pour l'ombrage et d'eau sur le même lieu reste le meilleur choix.

Certaines familles se sont assemblées par commodité ou par agrément sur des endroits communs pour réaliser ensemble l'œuvre de fermentation. Toutes les dispositions sont bonnes tant qu'elles respectent les recommandations indispensables.

Avec les déchets animaux et végétaux, l'argile, la cendre de bois, l'eau et l'ombre, nous disposons de tout le nécessaire pour réaliser une bonne fermentation. Comme vous voyez, les meules reposent sur la terre, elles reposent dans la terre. Cette liaison à la terre est très bénéfique. Pour la mieux réaliser, nous avons creusé quatre fosses de deux pas de large, quatre pas de long et seulement une demi-coudée de profondeur. Les fosses sont donc de même grandeur et s'agencent l'une à côté de l'autre. Un pas les sépare. La terre retirée est assemblée à l'écart et pourra être utilisée pour couvrir les meules ou pour y être mélangée peu à peu. Nous avons ainsi façonné des sortes de marmites pour la cuisson-fermentation qui dure soixante jours pour aboutir à la naissance de la matière noire. Afin que vous sachiez faire vous-même la fermentation, nous allons ensemble façonner une meule dans la fosse vide.

Ousséini s'est défait de son manteau, a saisi un outil à fer plat et a répandu l'argile sur tout le fond de la fosse et a dit : « Nous ne devons pas oublier que l'eau doit être présente dans la fermentation, mais la terre peut l'absorber trop vite. J'ai alors recours au pouvoir de l'argile pour l'empêcher de fuir. C'est pourquoi j'en répands de façon égale l'épaisseur de quatre doigts. Je mouille l'argile avec trois ou quatre seaux d'eau. Je répands les déjections des animaux avec les mêmes soins et selon la même épaisseur que pour l'argile et je mouille également. Les déjections des animaux contiennent des substances bénéfiques pour la terre. Par-dessus les déjections, j'étends la paille et les déchets grossiers que je retire du bassin où ils ont trempé depuis deux jours. Cette fois l'épaisseur est d'une demi-coudée. L'eau en excès se répand sur les déjections et l'argile, et n'est donc pas perdue. Comme les différentes couches doivent être liées, je marche sur la paille et la contrains à se resserrer, mais sans excès. C'est alors que je répands quelques poignées de cendres de bois comme lorsqu'on ajoute du sel sur la nourriture. »

Après avoir accompli ce premier ouvrage, Ousséini nous a invités à poursuivre nous-mêmes l'édification de la meule selon ce qu'il nous avait enseigné. Nous avons donc poursuivi dans l'ordre prescrit : de l'argile, des déjections, la paille piétinée, de la cendre et ainsi de suite. Lorsque la meule s'est élevée de trois coudées, Ousséini nous a demandé d'achever l'ouvrage en arrosant copieusement la meule. Ensuite, il l'a recouverte de quatre doigts de terre, il a appelé cela donner une peau à la meule. « Nous venons, dit-il, de confectionner un véritable estomac pour digérer les ingrédients que nous avons assemblés et ordonnés avec soin. Dans cet estomac, aux déchets des animaux et des végétaux s'ajoutent les quatre principes fondateurs : la terre, l'eau, le souffle et la chaleur. Comme les meules sont hors du sol et ne sont pas resserrées à l'excès, le souffle peut s'y insinuer. Quant au feu, il sera présent d'ici trois ou quatre jours. »

L'un de nous a dit à Ousséini : « La présence de l'eau, de la terre et du souffle nous paraît simple, mais celle du feu à venir nous étonne. Pourrais-tu nous éclairer ? »

Notre initiateur a attiré notre attention sur l'une des trois meules suivant la nôtre et a répondu : « Je comprends votre étonnement, il a été le mien lors de mon initiation. Cependant il est vrai que la meule s'échauffe dans les premiers jours. Celle que nous voyons vient de subir un premier retournement. Elle a dix-huit jours. Le feu y est devenu modéré mais vous pouvez encore le constater en y mettant la main. »

Nous avons introduit nos mains dans le corps de la meule et nous nous sommes rendu compte de la vérité de ces choses. « Dans les premiers temps, continua Ousséini, cette chaleur ne nous permet pas de maintenir nos mains dans la meule. Cela ressemble à une grande fièvre. On peut dire que la meule a la fièvre comme un être humain. Cette fièvre purifie le corps des mauvais germes. L'eau s'en libère en vapeur et elle transpire tout comme un être humain. La meule devient marmite pour cuire les ingrédients. Entre feu et eau, les ingrédients s'amollissent, des odeurs se répandent comme d'une marmite Cependant pour ne pas brûler et gâter les ingrédients, cette forte élévation du feu ne doit pas durer plus de trois ou quatre jours. Nous devons le modérer à l'exemple de la cuisinière ajoutant de l'eau dans la marmite. Nous répandons de l'eau sur la meule jusqu'à ce que nous puissions y maintenir la main. La fièvre doit poursuivre son œuvre bénéfique, mais sans excès destructeur. »

L'un de nous a demandé si l'on pouvait ajouter des ingrédients à la meule quelques jours après qu'elle a été achevée. La réponse de l'initiateur fut : « Lorsqu'une meule a été accomplie, nous ne devons plus la désordonner. Elle doit s'acheminer ainsi jusqu'au terme de sa transformation. »

Pour nous faire comprendre, Ousséini nous a dit : « Imaginons une femme préparant du riz pour des invités. La cuisson du riz est déjà bien avancée et on vient lui dire que les convives seront plus nombreux que prévu. La nourriture ne sera donc pas suffisante. Peut-elle ajouter du riz dans la même marmite ? Si elle le faisait, elle servirait à ses invités soit un plat où du riz cuit se mêlerait au riz insuffisamment cuit, soit un plat trop cuit pour avoir voulu que tout le riz soit cuit. Dans les deux cas, les invités seraient insatisfaits. Cette femme sera bien avisée de faire cuire le riz qui lui manque dans une autre marmite. Les invités mangeront peut-être un peu plus tard, mais ils auront plaisir à manger. Nous devons faire de même pour la nourriture que nous préparons à la terre. N'oublions pas que nous avons à marier intimement les ingrédients pour obtenir une matière unifiée faite de ce que chaque ingrédient apporte aux autres et reçoit des autres. Pour obtenir cette liaison, la cuisinière utilise le mouvement de louche dans la marmite. Nous devons nous aussi faire d'une autre façon ce brassage. Après avoir enlevé et mis de côté la couverture de la meule à retourner, nous prendrons les éléments du haut que nous déposerons au fond de la fosse suivante, et les éléments du bas seront remis en haut. Cela doit se faire en veillant à ce que les ingrédients se mêlent les uns aux autres. La meule doit être réédifiée avec soin et retrouver son apparence de tertre aussi long et large que la fosse et de deux ou trois coudées de haut. Si nous constatons que les ingrédients se sont desséchés, nous ajouterons de l'eau. L'insuffisance de l'eau perturbe la fermentation et peut même la gâter. Il en va de même de son excès. Pour bien estimer la quantité d'eau bénéfique, il faut imaginer une étoffe que l'on trempe dans l'eau et qu'on essore. Cet état de l'étoffe essorée indique la quantité d'eau nécessaire, ni trop ni peu. Il nous appartient de veiller sur cet équilibre. Les deuxième et troisième retournements seront également faits en tenant compte de la nécessité de maintenir dans la meule le souffle et l'eau et de confondre de plus en plus les ingrédients entre eux. La meule diminue de taille, la matière est de plus en plus divisée et fine. Le feu s'est beaucoup modéré, il est cependant encore présent comme dans le corps d'un être humain en bonne santé. La digestion se poursuit tranquillement, sans mauvaise odeur. Les principes fondateurs ont permis à des créatures bénéfiques visibles et invisibles de proliférer. Toutes ces créatures digèrent les ingrédients pour en faire la meilleure nourriture de la terre, celle que nous avons touchée, regardée et respirée. Cette nourriture, bien loin de provoquer la répulsion des détritus et des déjections d'où elle est née, témoigne de la capacité de la nature à tout régenter selon les exigences de la vie.

Parmi nous, un jeune homme s'était toujours abstenu de parler. Ousséini lui a demandé s'il n'avait aucune considération ou question concernant l'enseignement que nous venions de recevoir. Après un peu d'hésitation, le jeune homme a dit : « Un jour, des Blancs sont venus dans notre village pour nous apprendre à tirer parti des déchets. Ils étaient eux aussi soucieux de propager une nourriture de la terre avec les déjections et les détritus. Ils nous ont fait creuser de grandes fosses comme pour enterrer deux buffles. Ils nous ont ensuite recommandé d'y accumuler les déjections et les détritus à mesure que nous en avions, de les piétiner, de les arroser, d'y ajouter de la poudre des Blancs et ainsi jusqu'au rebord des fosses. Lorsque la saison des travaux arrivait, nous retirions le contenu des fosses pour le répandre sur les champs. La matière obtenue était molle et visqueuse de consistance, très noire de couleur et elle répandait dans tout le village une odeur forte et peu agréable que nous considérions cependant comme gage d'une nourriture de qualité pour la terre. Nous voyons bien que cela ne s'accorde pas avec le principe d'ici. »

Ousséini reprit la parole pour dire : « Cette façon de faire a été divulguée en effet dans beaucoup de villages. Elle n'est pas recommandable car elle confond la putréfaction avec la fermentation. Les ingrédients sont accumulés et piétinés dans un trou profond où le souffle est rare. Partout où le souffle manque, la mort menace. Un homme ou un animal dont la tête est maintenue trop longtemps dans l'eau étouffe et meurt. Imaginons un chasseur ayant tué une antilope. La viande est abondante et ne peut être consommée le jour même par la famille. On décide de l'épargner pour les jours difficiles. Le chasseur découpe la viande et l'enferme dans une jarre. Au bout de quelques jours, le chasseur ouvre la jarre : trouvera-t-il une viande saine ? Non, elle sera corrompue et l'odeur de la putréfaction l'avertira du risque grave qu'il y aurait à consommer cette viande. Ce chasseur sera bien avisé de jeter cette nourriture dangereuse. Le manque de souffle aura permis à des germes malfaisants de proliférer. La répulsion que nous ressentons est le gage de notre sauvegarde. Il en va de même de la nourriture pour la terre : elle doit être préparée sans étouffement afin que seuls des germes bénéfiques puissent y proliférer. Cette cuisson-fermentation deviendra nourriture remède. La terre pourvue de cette nourriture sera en bonne santé et lorsque la terre est en bonne santé, les plantes, les animaux et les êtres humains qu'elle nourrit seront également en bonne santé. Notre terre est notre premier guérisseur. Les remèdes de nos traditions comme les innombrables médicaments des Blancs ne nous établiront pas seuls dans la vraie santé. »

Après avoir écouté longtemps sans parler, j'ai demandé à notre initiateur comment, une fois prête, nous devions faire pour offrir la nourriture à la terre.

Ousséini a saisi un outil et a dit : « Avant de répondre au vénérable Tyemoro, nous allons d'abord considérer cette meule presque achevée occupant la quatrième et dernière fosse. J'enlève la couverture de paille... et j'ouvre la meule... La consistance de la matière répond à nos vœux. La matière est presque froide, ne répand plus de mauvaises odeurs, au contraire nous avons plaisir à la respirer. Des vers rouges la peuplent, cela doit nous réjouir car ils œuvrent pour nous en aidant la matière à se réaliser. Ces vers ne sont pas toujours présents en aussi grand nombre. D'autres petites créatures peuvent s'abriter dans la matière, nous ne devons pas nous alarmer de leur présence. Nous trouvons parfois aussi des vers gris comme celui-ci. Ils sont munis de pattes et se replient sur eux-mêmes lorsqu'on les prend entre les doigts. Ils doivent être recueillis avec soin et donnés aux volailles dont ils sont une nourriture bienfaisante. Leur présence dans la terre n'est pas souhaitable car ils peuvent causer du mal aux racines des plantes. Nous sommes donc satisfaits, mais prenons garde de ne pas laisser la nourriture perdre ses vertus. Cette matière est vivante, et comme tout ce qui vit, elle décline et meurt. La terre a besoin de sa force, elle a besoin de sa jeunesse. C'est pourquoi nous devons l'offrir à la terre au moment où elle est en grande vitalité. Nous reconnaissons la matière morte à sa consistance de gros sable ou de sable fin, à l'absence de parfum. Et lorsque nous versons de l'eau sur elle, elle ne l'absorbe pas. La matière reste vivante assez longtemps pour nous permettre d'agir avec sérénité. Lorsque la terre a été préparée à la houe et que je dois la nourrir, j'ai trois façons de le faire selon la quantité de matière dont je dispose et la taille du champ à cultiver. Pour une meilleure compréhension, je prendrai un champ de cent pas de côté. Je dois y faire pousser des céréales mais je n'ai qu'une meule à utiliser. Cela est peu, alors je vais creuser de petits trous dans la terre à un pas d'écartement les uns des autres. Ces poquets sont assez grands pour contenir une bonne poignée de matière. L'ennemi le plus redoutable de la matière est le soleil, car il détruit les créatures invisibles à l'œil. C'est pourquoi lorsque j'ai déposé cette denrée dans le trou, je ne dois pas trop tarder à y déposer les graines et à recouvrir le tout de la terre sortie du trou. Lorsque j'ai trois meules à épandre sur le même champ, je peux le faire dans des sillons ensemencés et recouvrir également sans retard. Si je dispose de six meules, je peux alors épandre la matière sur toute la terre et l'y mêler à la houe. La matière ne doit pas être enfouie trop profondément car elle est également fille du souffle et doit rester proche de ce principe. Après avoir accompli cet ouvrage, je peux ensemencer de la façon qui convient. Parfois la matière est prête trop tôt, et nous n'en avons pas besoin encore. Si nous la laissons poursuivre sa fermentation, elle perd peu à peu sa force et ressemble à une nourriture dénaturée par l'excès de cuisson. Pour éviter cette perte, nous ferons sécher la matière en l'étalant à l'ombre. Gardons-la surtout du soleil. Si l'ombre nous manque, nous étalerons la meule à la fin du jour, elle profitera de la nuit pour sécher sans dommage et nous la rassemblerons de nouveau en meule le matin avant que les rayons du soleil ne l'atteignent. Faire ainsi plusieurs jours si cela est nécessaire. Lorsque la matière comportera peu d'humidité, nous pourrons la mettre en réserve dans des sacs ou dans des abris où elle sera traitée avec soin. Nous aurons ainsi une nourriture toute prête, utile à toutes les cultures. Les arbres à fruits, les légumes, les céréales. Répandue sèche sur les plates-bandes ou en pleine terre, elle sera mêlée également sans retard à la terre. L'eau de pluie ou des arrosages lui redonneront toute sa vitalité. Depuis que nous offrons cette nourriture à la terre, nous l'avons vue s'épanouir, devenir docile à nos houes. Le souffle et l'eau y pénètrent. Un autre avantage nous a beaucoup réjouis : la terre retient beaucoup mieux l'eau qu'elle reçoit du ciel ou de nous-mêmes. Nous devons ce bienfait au pouvoir qu'a la matière d'absorber trois ou quatre fois son propre poids en eau. Pour vous en assurer, il suffit de mettre une mesure de matière desséchée que vous aurez pesée et d'y ajouter lentement de l'eau jusqu'à satiété, et de peser ce mélange. Beaucoup serait encore à dire sur cet élément magique. Je crois vous avoir révélé le plus utile. Il vous incombe maintenant, si telle est votre volonté, de réaliser parmi les vôtres et sur vos terres ce que vous avez appris ici. Ne faites pas de votre savoir un bien personnel. Offrez-le généreusement comme il vous a été offert, répandez-le pour le bien-être de la terre et de ses enfants. »

L'initiateur initié

Ousséini nous a conduits à travers les grands jardins, nous instruisant de tout. Dans ces jardins, les arbres à fruits, les légumes, les plantes remèdes et les plantes condiments réjouissaient le cœur et les yeux.

Notre guide nous a recommandé de laisser le moins possible la terre à nu, disant : « La terre qui porte des plantes ne doit pas être desséchée par l'ardeur du soleil ou du vent. Ayez toujours soin de recouvrir les espaces dénudés de paille, de feuilles mortes ou des herbes des sarclages. De cette façon, la terre tire profit de l'eau qu'elle reçoit et pourra mieux nourrir les plantes. De même, nous ne devons pas laisser la terre devenir dure autour des plantes, mais la maintenir divisée et meuble avec la houe. De cette façon, elle respire aisément, l'eau qu'elle contient ne se dissipe pas et celle qu'elle reçoit s'y infiltre facilement. Les plantes se trouvent mieux d'une terre bien ameublie. Un bon paysan sait également abreuver sa terre, car l'excès d'eau la rend pauvre en entraînant les bonnes substances vers les profondeurs et hors de portée des racines. Et l'insuffisance d'eau ne lui permet pas de tirer profit de ces substances ni aux racines de les absorber. Nous voici arrivés au terme de ce qu'il est important de savoir et de réaliser pour le bien-être de la terre devenue vivante. Nous aurons ainsi accompli des actes équitables. Par ces actes, l'alliance est rétablie car la terre nourrit les plantes, les plantes nourrissent les animaux, les plantes et les animaux nourrissent les humains et les humains nourrissent la terre. Tous les autres actes concernent la façon d'administrer les végétaux en bon paysan : semer, sarcler, tailler, planter, récolter. Chaque chose en son temps. Donner les soins à chaque plante selon ses besoins. Nous avons presque tous appris de nos pères, de nos grands-pères et de nos ancêtres des façons de faire. Ces

Parole de terre

savoirs se sont toujours enrichis de nouveaux savoirs. Il faut nous garder de les perdre et être assez vigilants pour les accroître. »

Le récit de Tyemoro nous a de nouveau conduits très tard. Mon intérêt ne s'est pas émoussé et j'ai toujours veillé à soutenir la parole du vieil homme par des « hum ! ». Je sais qu'il est toujours tenté de minimiser son importance, convaincu de la banalité pour moi de toutes ces choses. Il a peut-être aussi le sentiment de s'être avancé sur un terrain où il ne trouve pas ses repères. Et pourtant, il me dit en conclusion :

— Ces savoirs ont remis dans notre esprit un nouvel ordre des choses et ce que nous avons vu nous a convaincus de leur bien-fondé. Nous avons appris avec nos mains, notre nez, nos oreilles, nos yeux, notre bouche aussi, car les légumes, les fruits, la viande, les céréales dont nous avons été nourris ont confirmé la valeur des actes qui les ont fait naître. Tout était savoureux. Selon notre initiateur, lorsque la terre se délecte, cela prépare notre propre délectation. C'est pourquoi rien de malodorant, de violent ou de corrompu ne doit lui être donné.

Tyemoro semble vouloir en rester définitivement là de son récit mais, à la façon dont il l'achève, je comprends qu'il n'est pas allé au bout du contenu de l'enseignement reçu d'Ousséini.

* * *

Pendant trois jours, la vie reprend comme à l'ordinaire. Je ne comprends pas pourquoi le vieil homme m'a demandé mon avis sur l'enseignement d'Ousséini puisque des résultats tangibles confirment son bien-fondé. Je devine par la suite que tout cela est dicté par une sorte de prudence à l'égard des savoirs intrus qui peuvent cacher des perversions derrière les meilleures apparences, comme cela s'est souvent vérifié. Je suis à la fois blanc et son ami, il veut être rassuré avant d'engager sa communauté à imiter le village de Mafi et de ses environs. Je fais valoir que ce savoir n'est pas seulement blanc, mais aussi issu des savoirs humains en général et que l'avenir sera fondé sur la capacité des êtres humains à échanger les savoirs les plus utiles à leur condition.

Le cas Ousséini me paraît exemplaire. Cet homme s'est sans doute rendu compte de la nécessité pour toute vraie communauté de repartir de ce qui fut dès l'origine la mise en valeur des ressources d'un territoire en mobilisant les hommes et les femmes concernés. Ce choix me paraît encore plus pertinent dans le contexte mondial d'exclusion généralisée, de déracinement, d'errance et de surpopulation urbaine. Je regrette en l'occurrence d'être assez ignorant des

Parole de terre

sciences de la terre et de n'avoir qu'un peu d'intuition pour essayer de comprendre. Ma curiosité est en tout cas assez éveillée pour me pousser à faire moi-même le « pèlerinage » de Mafi, d'autant que, les jours succédant aux jours, mon retour vers l'Europe se confirme.

Je décide de rencontrer Ousséini avant d'embarquer, mais avant cela je veux également être assuré que mon vieil ami ne garde pas quelque reliquat de paroles dont il ne mesure pas l'utilité pour moi. À bien y réfléchir, je me rends compte que l'enjeu agricole, en dépit de sa gravité, n'est encore qu'un autre prétexte. J'aime infiniment l'intimité de Tyemoro et sa parole me l'assure. L'idée de quitter cet homme me remplit déjà des troubles de l'orphelin.

La chaleur d'avril devient accablante. Au milieu du jour, le soleil s'empare de la place du village et en exclut toute vie. Je vais parfois assez tôt le matin vers l'agglomération voisine où se tient un « marché », c'est-à-dire un lieu où sous de petites paillotes ou abris de fortune quelques villageois exposent bien plus la précarité de leur condition que des marchandises. Je me souviens d'un économiste européen qui m'a fait part de son habitude de visiter les marchés et les décharges publiques des pays qu'il visite : cela, dit-il, lui offre une lecture concrète de leurs économies. Il a ajouté, entre dérision et colère :

« Dans certains pays riches, quinze pour cent du travail humain, de l'énergie et des ressources qu'il mobilise ne sont que pour fabriquer du déchet. Jeter est devenu le geste banal du citoyen nanti qui, par ailleurs, accuse les pauvres de faire trop de gosses. Si vous ajoutez à cela le coût de ce qu'on appelle " gestion des déchets ", vous avez toute la mesure de cette ignoble aberration. » Le petit peuple local ne peut être accusé de ces outrances. Quant aux déchets, ils se résument à quelques détritus que le soleil dessèche et le vent disperse.

Ma déambulation, aujourd'hui, est un peu triste. Mon regard est plus attentif que d'habitude comme pour engranger avec soin des visions, des souvenirs. Les visages, les attitudes, les voix, les odeurs, tout prend de l'acuité. J'admire encore une fois la capacité de ces gens à accompagner leur difficile survie d'une joyeuse désinvolture.

Tout absorbé dans mes contemplations, je vais mon chemin lorsque quelque chose se glisse et se blottit dans ma main. Je n'ai pas besoin de regarder pour savoir que c'est la menotte du petit Ninou. Elle est comme d'habitude tiède et confiante et n'exerce sur moi aucune volonté, bien au contraire elle est totalement docile à toutes mes fantaisies. Je sais que Ninou sourit et dresse une tête de conquérant en activant ses petites jambes, ses pieds nus dans la poussière. Je sais que sa longue chemise de pauvre bat ses mollets presque inexistants. J'ai résolu depuis le début de ne rien lui offrir par privilège. Il semble être comblé par ma seule affection et ne me réclame rien d'autre. Mes modestes contributions vont à la communauté sous forme de biens collectifs. Rien ne m'est demandé cependant car l'hospitalité m'est entièrement ouverte et mon amitié avec Tyemoro m'assure en outre une discrète déférence. Quant à Ninou, je décide qu'il grandira chez lui, sur sa terre. Je veillerai sur cette plantule, mais dans son terroir.

Un jour, je vois Tyemoro seul, accroupi au pied d'un acacia, à l'écart du village. Il semble plongé dans sa méditation, aussi immobile qu'une roche. Mon envie de le rejoindre est plus forte que mon scrupule à le déranger. J'espère que mon départ proche excusera mon affectueuse intrusion. Je ne suis pas long à comprendre que mon vieil ami aussi est un peu triste. Voyant ma démarche malgré tout indécise, il m'invite à m'accroupir auprès de lui et me dit :

— Je sais à présent que ta dernière venue a une signification inhabituelle. Tu ne m'as pas posé une seule question sur nos principes ou les fondements de notre langue ou de nos coutumes comme tu l'as toujours fait. Je crois que tout cela tu l'as enfermé dans ta boîte à paroles et tu l'as tracé sur des papiers. Tu as par contre voulu savoir les raisons de notre désarroi et j'ai essayé de t'instruire. Tout n'est peut-être pas vérité, car le monde ne nous permet pas de marcher et de comprendre à notre cadence. Je serais mort en ignorant beaucoup des Blancs si tu n'étais devenu mon fils et ne m'avais aussi instruit de ta propre vie là-bas, chez les tiens. Tu dois partir et je ne te reverrai plus, cela je le sais. Je sais aussi que ta présence m'a forcé à réfléchir sur le temps présent et à essayer d'user de ma charge pour offrir un chemin d'avenir aux miens. Ousséini a raison, de nombreux Ousséini devront naître encore. Tu connais notre communauté, elle est comme égarée dans un temps sans douceur. Je te demande de lui être aussi utile que tu pourras à l'avenir, car tu es nôtre maintenant. Tu es même plus important que nos enfants, tu as la substance de nos traditions... J'ai décidé d'envoyer un de mes fils et quatre ou cinq autres du village chez Ousséini. Il s'offre généreusement à les initier. En échange, ils travailleront pour son village. De retour, ces enfants pourront initier les membres de notre clan et ainsi la vie pourra-t-elle reprendre chez nous aussi. Cela est mon grand souhait.

Je dis à Tyemoro tout le bien que je pense de

cette décision et lui jure d'une voix altérée par l'émotion de faire tout ce qu'il me sera possible pour aider sa communauté. Il garde le silence un long moment comme pour s'imprégner de mon engagement et m'en faire mesurer la gravité. Cela faisait longtemps que mes yeux ne s'étaient remplis de larmes...

Du village nous parviennent des rires de femmes, des cris d'enfants et les éternels braiements d'ânes. Déjà s'insinue en moi une sorte de nostalgie mêlée d'une tentation : pourquoi ne pas rester ici pour toujours et faire venir Madeleine et les enfants ? Mais tout cela n'est qu'un rêve sans consistance, de quoi vivrions-nous ? Par ailleurs, ma compagne ne supporterait pas longtemps cette rudesse, et les enfants... Je suis donc condamné au déchirement.

Je suis encore dans ces songes impossibles lorsque Tyemoro me ramène à ses propres préoccupations et, comme pour tirer parti du peu de temps qu'il me reste auprès de lui, il me dit :

— J'ai encore des choses à dire de l'enseignement d'Ousséini. J'ai pensé que cela n'avait pas beaucoup d'importance, mais durant la nuit un sentiment d'inachèvement m'a troublé. Et puisque tu m'as demandé de ne rien omettre, je vais aller au bout de ma parole.

Deux jours avant notre séparation, Ousséini a estimé qu'il avait suffisamment parlé de la terre. Par contre il a voulu ajouter d'autres propos sur les plantes, les animaux et même les hommes. Cela semblait revêtir beaucoup d'importance pour lui. Nous nous sommes rassemblés et notre initiateur a dit :

Les plantes sont l'émergence des forces de la terre et du ciel comme toutes les créatures. Les lieux où elles prospèrent naturellement sont leurs lieux de prédilection. En ces endroits sont assemblées les conditions de froid, de chaud, de lumière, d'air, d'eau, de terre et d'autres valeurs plus subtiles favorables à telle ou telle famille de plantes, car elles constituent des sortes de tribus. Les espèces sont innombrables et outrepassent nos capacités à les connaître toutes. Les plantes vont de la plus petite plantule à peine visible à nos yeux aux arbres les plus déployés auprès desquels nous devenons nous-mêmes très petits. Dès leur venue sur terre, les êtres humains ont appris à entretenir leur vie en consommant les fruits, les graines, les feuilles, les racines des plantes. Aux arbres nous devons tant de bien-être qu'il n'est pas utile d'en reparler.

Les plantes, comme les autres créatures, se sont ajustées aux conditions de leur territoire. Si l'eau abonde, alors les feuilles s'élargissent pour transpirer et croître abondamment. Sur les lieux de sécheresse, les feuilles deviennent petites, les plantes plus dures, plus épineuses, comme si elles jouissaient de l'entendement pour savoir comment épargner l'eau, la garder dans leur corps. On dit même que les plantes ont leur propre parole. Cela n'entre pas dans notre compréhension. Il en est de bénéfiques les unes aux autres et d'autres nuisibles les unes aux autres. Certaines peuvent nous donner la mort si nous les consommons, et d'autres au contraire guérissent nos maladies. Les plantes sont devenues très proches des êtres humains. Ils ont appris à les marier entre elles, à faire grossir leurs racines ou leurs fruits en tenant compte de leurs aptitudes naturelles. C'est pourquoi les plantes et les humains sont indissociables.

Au commencement, chaque famille de plantes naissait, prospérait, se multipliait et mourait sur les lieux que la nature lui assignait. Enracinées à une terre, elles n'en pouvaient bouger, mais leur semence étaient répandues par le vent, des oiseaux ou d'autres moyens. Les animaux et les êtres humains s'en nourrissaient selon leurs besoins particuliers, en évitant celles qui ne conviennent pas à leur santé ou donnent la mort. Sous les multiples climats, la nature semble avoir tenté d'harmoniser la vie entre tous les êtres vivants, chaque plante ou fruit venant en son temps selon des cadences bénéfiques à l'ensemble des créatures. Cette harmonie se fondait cependant sur la mort et la vie et ce principe demeure toujours.

Avec l'errance des hommes et leur aptitude à les transplanter, les plantes ont aussi quitté leurs lieux initiaux pour survivre dans des territoires étrangers, selon le vouloir des êtres humains. De cette façon, les plantes ont été échangées et beaucoup de fruits, de légumes, de plantes médecines et d'autres ont été apprivoisés. Les tomates, les pommes de terre, les aubergines, le maïs et bien d'autres n'existaient pas sur notre terre. De même, les nôtres se sont accommodées en d'autres pays. Bien avant que les Blancs le fassent aussi, des peuples vivant dans les pays du Levant avaient su édifier, avec l'eau, la terre et les plantes, des jardins où tous les sens trouvaient à se réjouir. Les fleurs n'étaient point négligées et entraient dans un agencement d'une grande beauté.

Toutes ces connaissances et ces espèces, s'ajoutant les unes aux autres de génération en génération, sont devenues un grand héritage que les êtres humains se sont constitué ensemble. Avec les plantes, ils se sont fait les uns aux autres beaucoup de bien car c'est la vie et non la mort qu'ils ont échangée. Avec les semences, chaque groupe assurait en même temps que la continuité des plantes sa propre prospérité et sa propre liberté.

Les plantes accommodées en toutes sortes de lieux y croissaient sans difficulté et presque sans maladie, et les êtres humains en étaient satisfaits.

À présent, cet ordre n'est plus respecté et des bouleversements ont lieu partout. Beaucoup de peuples ont pris goût à des nourritures étrangères à leur terre. Les cultivateurs blancs, conformément à des mœurs nouvelles et à des besoins de gagner beaucoup de cauris, ont adopté la culture de quelques plantes et se sont détournés des innombrables espèces de fruits, de légumes, de céréales et tant d'autres, hérités de la patience et du temps que les humains ont consacrés à les faire prospérer pour le bien de tous. De nombreuses espèces délaissées ont décliné ou bien se sont éteintes. Pour nourrir les multitudes habitant les grands villages, les cultivateurs ont choisi des plantes prolifiques issues de mariages hâtifs effectués par les humains. Ces plantes se sont éloignées peu à peu de la vigueur et des accommodations héritées d'un temps très long fait d'épreuves régies par la nature pour devenir très avides en eau et en poudre des Blancs. Cette poudre est comme du sel, elle provoque une grande soif qu'il faut étancher abondamment. Ayant perdu les forces que leur conférait la nature, ces plantes nécessitent beaucoup de soins et de poisons pour ne pas périr des maladies ou des ravages des insectes qui les affectent comme pour les exclure et rétablir l'ordre voulu par la nature. Pour certaines, leurs graines ne peuvent plus être obtenues par les soins des paysans, mais par des rapprochements d'espèces voisines en vue d'en obtenir l'abondance. Ces rapprochements se font de main d'hommes, dans des maisons édifiées pour cela. Les fruits ou les légumes issus de ces graines sont souvent abondants, mais les graines issues de ces fruits ou légumes ne sont plus féconds, et il faut chaque année en acheter d'autres et cela est une perte de cauris et de liberté. Cette façon de faire s'apparente en partie à la manière que les hommes ont d'obtenir les mulets et les mules en mariant la jument et l'âne. Dans le mulet et la mule s'assemblent en effet la taille du cheval, la frugalité et la robustesse de l'âne, mais ces surgeons sont stériles et ne peuvent assurer de progéniture.

Les êtres humains ont toujours recherché des agencements profitables pour eux. Cependant, notre temps est plus soucieux de l'argent que des êtres humains. C'est pourquoi nous devons prendre garde de préserver tous les biens qui assurent notre vie et notre liberté : les espèces, les semences, tout ce que notre imagination et notre vaillance nous prodiguent en lien avec notre terre et notre eau. Bien des peuples, négligeant ces dispositions, se nourrissent de denrées venues de loin et délaissent celles que leur terre peut leur offrir en abondance. De plus, ces denrées venues d'ailleurs perdent les vertus qui entretiennent la santé. Ainsi, comme avec la terre nourricière, chaque peuple doit apprendre à rétablir le lien avec les richesses issues de son terroir pour sa liberté, s'ouvrir aux richesses des autres peuples et leur prodiguer celles qu'il peut, dans un esprit de grande fraternité entre tous les êtres humains.

Les animaux aussi sont innombrables. Certains vivent dans l'eau, d'autres entre terre et eau, ou terre et ciel, d'autres encore sur terre seulement. Ce sont aussi de très vieux compagnons de notre espèce, on dit même qu'ils nous ont devancés dans l'existence sur terre. Les humains ont appris à s'en nourrir en les chassant, en les pêchant, en les capturant de nombreuses manières. C'est ainsi que nous sommes entrés dans le cercle des êtres vivants dotés de respiration et de mouvement qui se consomment entre eux. C'est comme si la vie se donnait à elle-même pour se perpétuer. Ces choses également n'ont pas changé, excepté chez certains peuples qui ont depuis longtemps renoncé à se nourrir de la chair des animaux, conformément aux prescriptions de leurs croyances.

Les animaux sont plus ou moins proches de notre propre espèce. Ainsi les insectes, dont la complexion, la façon de vivre et de se multiplier sont si éloignées de nous que nous n'avons aucun moyen d'établir avec eux une relation, nous restent très étrangers. Les poissons vivent dans un élément où nous ne pouvons vivre et ils ne peuvent vivre où nous vivons. On dit que ces animaux ont le sang froid. Ils sont aptes à respirer dans l'eau. Tandis que nous étouffons la tête dans l'eau, ils étouffent la tête hors de l'eau.

Le monde des eaux profondes ne nous est pas familier et en lui demeurent encore bien des mystères que les êtres humains s'obstinent à dévoiler. Les oiseaux s'élèvent dans les airs et se posent sur la terre. Certains vivent des créatures de l'eau, d'autres d'insectes ou de petits animaux terrestres. Certains chassent la nuit car leur regard perce les ténèbres. Ces animaux possèdent deux membres pour arpenter la terre et deux membres pour s'élever dans les airs. Les animaux rampant comme les serpents n'ont aucun membre et c'est avec des contorsions et des glissements qu'ils vaquent à leurs besoins.

Les femelles des insectes, des poissons, des oiseaux, des serpents prolifèrent en pondant des œufs fécondés par leurs mâles à l'intérieur de leur corps. Ces animaux sont couverts de plumes ou d'écailles pour le plus grand nombre. On dit d'eux, pour les distinguer des autres, qu'ils n'ont pas de mamelles et ne nourrissent pas leur progéniture du lait issu de leur corps. Les autres animaux, pourvus de mamelles comme les humains, sont dotés de quatre membres pour se mouvoir et sont couverts de poils. Les femelles portent leur progéniture dans leur corps jusqu'à leur maturation et les nourrissent de leur lait durant le temps où, dépourvus de dents, ils ne peuvent se nourrir des denrées convenant à leur espèce. Les uns se nourrissent de chair, les autres de plantes ou de graines, d'autres des deux.

Comme toutes les autres créatures, les animaux se sont accommodés tout au long des temps très anciens des conditions de leurs territoires. Ces territoires vont du froid extrême à la chaleur extrême. Entre les deux se sont établies des conditions multiples et la nature a pourvu les animaux des moyens d'y survivre. Les uns ont des toisons épaisses pour se prémunir contre le froid, d'autres, par leur frugalité et les aptitudes de leur corps, peuvent résister au chaud et à la soif. Pour survivre, certains se reproduisent peu et ne sont pas pourchassés, car ils jouissent de la force et dominent les autres, tandis que d'autres prolifèrent abondamment et cherchent leur salut dans la rapidité à fuir leurs nombreux ennemis et dans des ruses inspirées par le danger. Dans cet ordonnancement, vivre et se multiplier sont des exigences, comme nous l'avons dit, auxquelles aucune espèce ne peut renoncer. La vie et la mort sont étroitement mêlées et cheminent ensemble pour se féconder.

Les êtres humains ont su depuis longtemps attacher certains animaux à leur maison et à leur vie. Certains rapprochements sont devenus si étroits qu'ils vivent sous les mêmes abris. Il en est ainsi du chat et du chien. Les êtres humains mettent à profit les aptitudes du chat à sauvegarder les greniers menacés par les rats et les souris, et celles du chien à veiller sur la demeure ou les troupeaux, à chasser, à utiliser de plusieurs manières leur odorat, la rapidité de leur course, leur disposition à la férocité ou leur douceur. Ces animaux, par l'éducation et l'entendement, servent les êtres humains de toutes sortes de façons. Des espèces, comme les moutons et les chèvres, ont été depuis longtemps multipliées pour leur chair, leur lait, leur toison, leur peau. Il en va de même des buffles auxquels les humains ont de plus emprunté la force pour tirer des fardeaux et labourer la terre. Ils ont également tiré parti des espèces ailées pour les œufs, la chair, et même les plumes. Il en est ainsi des poules, des canards, des pigeons, des pintades et de bien d'autres.

Certains peuples prétendent que le cheval est le plus grand ami qu'ils aient eu car, en se hissant sur son dos, ils ont tiré profit de la rapidité de ses jambes, de sa force et de son endurance. Avec cet animal, les humains ont pu parcourir de grandes distances, connaître le monde, élargir leurs savoirs, mais aussi porter la mort à leurs semblables et accaparer leurs biens et leurs terres. La rapidité et la force ont largement servi leur avidité et leur violence.

Comme les plantes, les animaux se sont dispersés par toute la terre selon la convenance des hommes. De nos jours, beaucoup de choses ont changé également pour les animaux. Les Blancs ont introduit une grande violence à leur encontre. Aveuglés par la maladie des cauris, ils ont décimé les troupeaux sauvages dont de nombreux peuples vivaient. Ils ont immolé d'innombrables buffles pour leur seule peau ou leur langue, en laissant le reste à la putréfaction. Ce fut l'un des grands malheurs infligés par les êtres humains au monde des créatures animales.

Depuis ce temps, l'esprit des êtres humains a beaucoup changé. Ils sont devenus très arrogants et sans respect pour les biens de la terre. Ils ont prétendu que le Grand Ordonnateur avait tout créé pour eux. Puis ils ont récusé le Grand Ordonnateur lui-même, disant que l'entendement seul suffit à exalter les vertus de leur espèce, à lui donner tous les pouvoirs, à les libérer de la nature ennemie et à écarter les voiles recouvrant les mystères. Leur discernement a créé bien des miracles, mais, au lieu de les libérer, ces miracles les ont enfermés. Leur monde est devenu celui de l'anxiété, de l'insatisfaction et de la violence à l'encontre de leur espèce, à l'encontre de la terre, à l'encontre des plantes et des animaux. Ils ont tellement perdu la vision sacrée que l'animal n'apparaît plus comme une créature vivante et sensible. Il n'est plus pour eux que de la chair. Ousséini nous avait fait part de la façon dont les Blancs assemblent les animaux en grand nombre dans de grandes maisons afin d'en obtenir de l'abondance. Parmi ces animaux sont les bufflesses pour le lait, des porcs grouillant et criant pour engraisser et donner de la chair, des multitudes de volailles captives dans des cages, soustraites à la clarté du jour mais illusionnées avec des torches sans fumée. Aussi, confondant la nuit et le jour, elles pondent plus et meurent d'épuisement. Il y a de même des jeunes buffles nourris de façon que leur chair demeure blanche en dépit de leur âge. Cette chair est mieux prisée que la chair rouge. À toutes ces créatures faites pour se mouvoir et s'ébattre, les êtres humains imposent l'immobilité des plantes par des entraves, des chaînes et des murs. Elles sont exploitées par des esprits toujours insatisfaits et désirant toujours plus, toujours plus gros, toujours plus abondant et toujours plus vite. Dans cette tourmente, les créatures animales nourries de denrées dénaturées naissent et meurent par la souffrance. Ainsi, les humains, loin de toute compassion, se nourrissent-ils de la souffrance. Ils s'infligent sans le savoir de grands tourments, car tout ce que subissent la terre, les plantes et les animaux les humains le subissent par la vertu même de l'alliance qui les unit dans un même souffle, un même élan, une même force. Gardons-nous de ce chemin car il mène à la déchéance. Dans les mêmes pays, d'autres animaux sont rois. Ousséini nous a dit que chez les Blancs les chiens et les chats sont mieux nourris et mieux soignés que les enfants des pays pauvres Cela n'est pas une voie juste et bénéfique non plus. Un ordre doit être trouvé pour que chaque espèce puisse être aussi proche que possible de la condition liée à sa nature. Avec le discernement dont ils sont dotés, les êtres humains doivent trouver leur place et, tout en tirant d'eux les avantages pour leur existence, aimer et respecter la terre, les plantes et les animaux dont ils ont la charge. Ainsi leurs cœurs dénués d'avidité retrouvant la modestie, la compassion et la modération, la vie sera pour tous une grande bénédiction.

Peu avant de nous séparer, Tyemoro et moi restons longtemps accroupis l'un près de l'autre sans rien dire, baignant dans l'ambiance familière du matin où l'esprit est libre de vaguer comme une pirogue sans attache.

Départ de Membele

La case garde encore la fraîcheur de la nuit. En ces instants où des vagues de chagrin vous traversent, vous vous promettez de revenir vite, oubliant que bien souvent c'est la vie elle-même qui en décide. J'obéis instantanément à Tyemoro lorsque, saisissant ma main, il me dit sévèrement :

— Ne laisse pas l'émotion te gagner. Elle est un feu inévitable mais dans lequel nous ne devons pas jeter sans modération le bois de nos souvenirs et de nos regrets.

Cette injonction me surprend de la part d'un homme dont le calme est une des vertus majeures, mais j'en mesure rapidement la pertinence. Le choc est utile. Il ajoute :

— Ce que tu mets dans le grenier de ta mémoire, ne laisse pas le temps le corrompre. Tires-en toutes les forces et sois toujours prêt à d'autres moissons.

Le vieil homme met sa main sur ma tête et la maintient longtemps. Une chaleur bienfaisante m'envahit peu à peu, suivie d'un apaisement profond. Puis il me dit :

— Lorsque tu te souviendras de moi, pense à

cet instant surtout. La voix que tu as piégée dans la boîte ne sera pas la voix de Tyemoro. Écoute-la autant que tu voudras mais sans la marier à mon image. Ne dis jamais plus : « Cette voix est celle de Tyemoro », mais seulement : « Voici une parole. » De même, lorsque tu reviendras visiter tes frères et sœurs d'ici, ne te laisse pas distraire ou émouvoir par les traces de vie que je laisserai, rejoins-moi par ce qui ne périt jamais. Avec l'enseignement de nos ancêtres, je ne t'ai donné qu'une écuelle, à toi d'y mettre chaque jour de la nourriture à partager, car il faut partager. Si tu parviens à faire comprendre à d'autres ce que nous avons vécu dans le secret de nous-mêmes, ton devoir sera accompli. Il est bon que les êtres humains aillent au-delà des apparences pour se comprendre et mieux vivre ensemble. Je n'ai jamais quitté les lieux de ma naissance et ne sais rien du monde. On dit les hommes innombrables sur la terre, avec des coutumes et des sentiments très variés. Leur étrangeté les uns pour les autres les rend plus prompts à s'infliger des maux qu'à se comprendre, semble-t-il. Je sais pourtant qu'une main n'est utile qu'avec des doigts unis. La taille de ces doigts ne signifie pas la grandeur et l'excellence des uns et le peu d'importance des autres mais la nécessité pour le bien commun que chacun soit à sa place.

Il veut ajouter quelque chose, mais se ravise et se contente de dire, en hochant la tête :

— Pardonne-moi, j'ai trop parlé ! Salue Ousséini, dis-lui que nous l'attendons avec patience…

Le taxi-brousse étant arrivé, Tyemoro m'étreint longuement, puis me libère lentement avec une petite poussée d'encouragement, comme on libère un oiseau. Mes compagnons ont déjà chargé et arrimé mes bagages sur la camionnette vers laquelle je me dirige, escorté de tous les villageois, femmes comprises, dans une exubérance atténuée par le regret de la séparation.

La menotte de Ninou saisit ma grosse main, mais cette fois à la manière d'une petite serre. Je sais l'enfant en pleurs. Nous avons beaucoup échangé durant mon séjour, et j'ai tenté de le rassurer : oui, je reviendrai, je ne l'abandonnerai pas ! Comment d'ailleurs trahir ce regard où confiance et innocence se mêlent pour vous faire plonger au plus profond de votre conscience ? Ninou est lui aussi un arbrisseau dont il faut préserver l'intégrité afin qu'il puisse s'affirmer dans son terreau, dans les valeurs de son peuple avant toute autre aventure. Ainsi, après avoir été réenfanté par Tyemoro, je viens moi aussi d'enfanter et je dois assumer cette paternité avec beaucoup de prudence. Entre sourire et larmes, le visage de Ninou me brûle pour longtemps.

Sur le plateau du taxi, je suis au centre de l'attroupement et comme objet d'un spectacle nouveau. Les adieux n'en finissent pas et exacerbent mon impatience de voir démarrer le véhicule pour me soustraire au malaise. Lorsque enfin le départ se fait, je me tourne vers la troupe d'enfants et fais une grimace stupide presque incontrôlée. Cette grimace a l'effet escompté : un éclat de rire général. J'ai ainsi restitué au village un peu de la jubilation qui l'habite en dépit de tout et que mon départ a entamée. Jusqu'à la dernière colline, et aussi loin que je peux les voir, les mains se sont agitées, m'invitant à revenir.

**

C'est à travers le récit de Tyemoro que je m'étais construit une image d'Ousséini. Le modèle n'était pas forcément conforme à ce que j'avais imaginé : un homme grand et sec à la démarche résolue, etc. J'avais affaire à un homme de taille moyenne, d'aspect solide et volontaire, avec un regard limpide, bien installé dans son corps. Habité par une passion tranquille, il inspire d'emblée la confiance.

Le village de Mafi avait une réputation bien méritée. À contempler cette grande tache de verdure et de vie au milieu de l'aridité environnante, on pouvait mesurer les miracles dont sont capables l'intelligence généreuse et la volonté constructive. Non seulement l'îlot de verdure respirait le bien-être, mais l'aridité tout autour, aménagée en site anti-érosif, retenue d'eau pluviale, et reboisée de jeunes arbres, avait quelque chose de grandiose. C'était comme une espérance gravée dans la chair de la mort elle-même. Je comprenais mieux ce que signifiait une terre malade et les soins que les humains peuvent lui prodiguer en transcendant la condition d'insecte dévoreur pour devenir guérisseur.

Ousséini m'ayant présenté aux villageois comme le fils de Tyemoro, je jouis d'emblée d'une aura et des attentions les plus délicates. Le lendemain de mon arrivée, il me fit visiter leurs réalisations avec des commentaires scientifiques et techniques très instructifs sur l'agriculture écologique et l'écologie en général.

Il m'est vite apparu que cette évidente réussite était due en grande partie à la mobilisation de leurs femmes. Le « programme » avait su mettre en valeur leur parole et laissé librement s'exercer leur réflexion. D'intendantes de survie, accablées naguère de corvées, d'exécutantes passives, elles étaient devenues force de réflexion et de proposition. « Cela n'a pas été facile, m'expliqua la responsable du groupement des femmes. Mais à présent chacun reconnaît les bienfaits que nos initiatives ont ajoutés au bien-être commun. »

Le groupement, admirablement organisé, gère des poulaillers et des clapiers collectifs, nourris en partie des déchets triés et collectés à la source avec des compléments produits sur les terres. Les femmes accomplissent également les tâches de transformation, de conservation des produits vivriers ainsi que les activités artisanales : tissage du coton, vannerie, confection de vêtements. Un moulin mécanique collectif les affranchit d'une tâche souvent longue et pénible. Une petite coopérative permet de rassembler, de commercialiser certains produits. Les ressources constituent une épargne disponible pour répondre à certains besoins bien déterminés : petit équipement, approvisionnement d'une petite pharmacie villageoise, amélioration de certaines structures, etc. Le principe général s'appuie d'abord sur la mobilisation des énergies humaines mais aussi animales. C'est ainsi que la traction animale fait partie des choix délibérés. Ânes, chevaux, bœufs sont dressés pour le charroi, le labour, etc. Cela n'exclut pas, comme on me l'a expliqué, l'énergie mécanique. Dans ce cas, la robustesse est un des grands critères de choix, pour réduire au minimum les défaillances et les dépendances. Par ailleurs le coût des productions industrielles du Nord est exorbitant par rapport aux ressources de la communauté et oblige à une grande prudence.

— À présent, me dit Ousséini, des agronomes, des chercheurs et des journalistes s'intéressent à nous. Des étudiants veulent rédiger des mémoires, nous sommes devenus « un cas ». Nous veillons à la sauvegarde de la logique sur laquelle se fonde notre action et ne manquons pas d'arguments pour répondre à ceux qui cherchent à nous réduire à des « bricoleurs », des empiristes ou même des illuminés.

Le premier repas en mon honneur rassembla un médecin, une infirmière, femme d'Ousséini, un économiste, un mécanicien, autour du chef Moulia. Ces hommes et ces femmes constituaient l'« intelligentsia » du village et travaillaient dans le même esprit. Manifestement heureux d'avoir trouvé où mettre en valeur leur compétence, ils parlaient presque triomphalement des choix qu'ils avaient faits. Ousséini me dit, comme sur un ton de confidence :

— Je ne sais rien de tes opinions, mais certaines personnes pensent que le sentiment sacré qui nous habite est cette chose informe, pourvoyeuse de sectes et d'intolérance, arme ambiguë des mystagogues. Nous n'avons aucun dogme, si ce n'est celui de comprendre et respecter un ordre dont même la science révèle et confirme l'évidence. Quant à nos rituels, peut-être ne sont-ils que ces gestes immémoriaux qui servent la fécondité, l'acte créateur et magique, le labour, l'ensemencement, la greffe, le dressage de l'animal, le lait, le miel... l'exaltation des forces qui nous aident à nous perpétuer et donnent du sens à nos vies. Nos traditions ancestrales ne récusent pas ce sentiment. Nous essayons seulement de mettre au jour l'histoire des valeurs et des intuitions éternelles. Elles sont culturelles, elles sont vitales dès lors que la bienveillance les porte. J'ai connu bien des rationalistes que leur prétendu réalisme transformait en tyrans vaniteux, repliés, desséchés et intolérants. Ils nous font une sorte de reproche condescendant de n'être pas encore en rupture avec ces sentiments. Ils confondent les quiproquos religieux et leurs pouvoirs avec l'invitation qui est faite aux humains de grandir, de changer, de se libérer des scories qui les étouffent. Comme tu vois, les extrêmes se rejoignent toujours. Au début de cette aventure, il a été facile aux conformistes de l'agronomie de donner de nous (agronomes écologistes) une image péjorative. À présent, nous ne sommes plus agressés car nos réalisations plaident pour nous mieux que les meilleurs avocats... Il nous reste cependant à trouver notre place dans le monde. Une chose est sûre : nous n'avons pas besoin de votre croissance économique car elle est une équivoque, elle nous a ruinés et continuera de ruiner la planète entière. Les temps qui viennent seront décisifs et si vous-mêmes ne réussissez pas à vous débarrasser de cette ogresse, elle vous dévorera aussi, avec vos présidents, vos financiers, vos politiciens et tout le reste. Nous avons quant à nous besoin d'un vrai développement à notre mesure, partant de nos capacités, conforme à nos aspirations. Et lorsque nous aurons résolu nos problèmes élémentaires : nourriture, vêtements, abri et santé pour tous, nous irons plus loin, inspirés par nos propres valeurs et soucieux du bien-être réel, avec des rêves toujours renouvelés car il faut peu de chose pour alimenter la joie. Par contre : toujours plus, toujours plus vite, toujours plus gros, toujours plus loin, le « toujours plus » de l'obsession entretient cette anxiété dont les douloureux stigmates s'affichent parfois sur les visages des nantis, stigmates de l'insatisfaction dans l'abondance... Cela ne veut pas dire que l'idéal est chez nous. Nous avons à sortir d'une longue torpeur, à mobiliser nos forces pour répondre à nos besoins. Trop d'indolence, trop d'insouciance, trop de corruption et de sang, trop de tyrans sans scrupules. Notre continent se meurt alors qu'il est sous-peuplé et riche de tout... Derrière l'ordre apparent du village sont des hommes et des femmes avec leurs peurs, leur jalousie, leur envie, leurs désirs inassouvis et parfois même leur violence directe. Nous avons comme d'autres des progrès à faire, mais il faut reconnaître aussi tout le plaisir que nous avons de vivre et d'agir ensemble. Ici, pas de solitude ou d'insécurité, notre solidarité est congénitale en quelque sorte. Notre système social est d'abord solidarité et réciprocité.

J'écoutai Ousséini avec beaucoup d'attention et compris ses arguments. Le spectacle des enfants, omniprésents ici et ailleurs, dans le bonheur ou le malheur, m'avait souvent, par je ne sais quelle pudeur, fait repousser la question sur la démographie. Je la posai très simplement à Ousséini. Il prit du temps avant de me répondre, un peu songeur :

— Bien sûr, trop de monde sur la planète, et un procès implicite ou explicite en direction des pays sous-développés. Cela aussi n'est-il pas la conséquence des égoïsmes et de ce que vous appelez l'ordre mondial qui n'a jamais été que le désordre établi par les plus voraces ? Il y a assez d'eau, de terre, de végétaux, d'animaux et de minéraux, d'énergie et de pensée, pour satisfaire les besoins d'innombrables humains. Mais la civilisation du gâchis a profané toutes ces choses. De n'avoir rien géré avec humanisme, il faut à présent de l'humanitaire, avec toutes les perversions qui l'escortent. J'ai vécu dans vos pays et je sais que la première poubelle d'une famille moyenne recèle de quoi nourrir bien des hommes. Quant à vos chiens et chats, leur nourriture, leurs soins vétérinaires, leur toilettage et tout le reste sont enviables par une multitude d'enfants errants sur les dépotoirs urbains et ailleurs. Les animaux sont innocents de la condition qui leur a été faite. De même qu'il faut de la compassion pour tous ceux dont ils soulagent l'ennui ou l'isolement, est-ce pour autant une situation normale ? À tout cela s'ajoutent les monocultures d'exportation mal payées, les guerres, les sécheresses qui désolent les campagnes. Alors, on migre en masse vers des villes pièges où le désœuvrement et la misère... tu sais tout le reste. Ces villes elles-mêmes deviennent des lieux de pullulation. La plupart de ceux qui déplorent la surpopulation jouissent eux d'une pension de vieillesse, de soins gratuits et de bien des avantages que leur offre la prospérité de leur pays. Chez nous, une vieille personne, homme ou femme, sans enfants, est condamnée à la misère à l'heure du déclin. Durant des siècles, les générations se sont assistées l'une l'autre et procréer beaucoup était la règle, car la mort faisait de sévères prélèvements. À présent, la mort est mieux conjurée, mais la prospérité n'a pas suivi Elle aurait cependant infléchi ce péril. Les études et les analyses qui ont été faites sur le sujet rempliraient des bibliothèques, et rien de sérieux n'a été fait. Le problème est donc là. Il concerne l'humanité dans sa totalité. Que va-t-elle faire ? Ne serions-nous que des levures dévorant d'autres levures, selon le rythme de nos proliférations, jusqu'au terme d'une histoire absurde ? Ou bien des solutions existent-elles et sommes-nous résolus à les mettre en œuvre ?

Ousséini avait le don d'effacer les sombres propos et de sortir des impasses logiciennes par une jubilation sonore. Son rire était une sorte de pied-de-nez à l'adresse de la tristesse ou du mauvais destin. Car, à l'évidence, cet homme agissant aime et croit en la vie, mais il sait aussi ses limites, et les accepte avec humilité.

Dans le va-et-vient des réflexions d'Ousséini, je fus souvent ramené vers mon Occident dont les apparences continuent de fasciner. Confronté à ses récessions, à ses exclusions, à la disparition de ses paysans, ivre de matière et de technologie, l'Occident titube, s'acharne à maintenir un modèle invivable, à illusionner en s'illusionnant, et jusqu'à quand ?

Ousséini me dit un jour :

— Vous verrez que la terre sera de nouveau votre salut, tout comme nous. Car lorsque l'histoire dérive ou se fourvoie, elle a besoin des valeurs sûres, permanentes, indestructibles, celles de la vie, et non de toutes ces pacotilles avec lesquelles vous vous grisez et excitez l'envie impuissante des pauvres. Vos industries vont-elles continuer à produire aveuglément des marchandises que de moins en moins de gens pourront acheter ? Et tout le reste, vos indemnités de chômage, vos retraites, vos soins dispendieux ? Pourrez-vous survivre avec des villes surpeuplées et des campagnes désertes ? Pourrez-vous continuer à être les otages de sociétés et de monopoles gérant jusqu'à votre alimentation avec des structures monstrueuses pour la produire, vos supermarchés pour la distribuer et vos transports pour l'acheminer, vos médias pour vous inciter à l'acheter, alors que des bras, des imaginations nombreuses sont rendus oisifs au détriment de toute vraie satisfaction ? Lorsque vous en aurez compris le véritable sens et calmé les douleurs qu'elle vous aura infligées, vous verrez que votre récession aura été votre salut car elle aura libéré vos esprits d'une terrible hypnose. Alors vous considérerez les biens que la nature vous offre généreusement non pour faire des dollars, mais du bien-être profond pour tous. Vous verrez que c'est ensemble que les humains construisent leur destin sur les territoires qui les assemblent en réciprocité, en autonomie, ensemble et en lien avec d'autres autonomies, de cellule en cellule, sur toute la planète, une immense toile tissée de simplicité, de sobriété et de convictions, une immense toile ornée de la diversité des cultures, des races. C'est en vous faisant du bien à vous-mêmes que vous ferez du bien au monde et non en prétendant hypocritement nous aider... Pardonne-moi, la passion me gagne à nouveau. Parlons d'autre chose...

Nous avons bien entendu longuement évoqué Tyemoro et nous sommes retrouvés dans la même admiration et affection pour « ce grand bonhomme », comme le qualifie Ousséini. En évoquant cette sorte de stage que le vieil homme avait fait auprès de lui, je fis part à Ousséini d'une de mes grandes interrogations :

— Comment une mémoire peut-elle être aussi « performante »? Avec nos papiers et nos crayons, serions-nous devenus infirmes? J'avoue avoir parfois douté de la validité de ce que Tyemoro me disait, trouvant impossible de tout retenir avec autant de précision.

Ayant tout enregistré sur bande magnétique, je proposai à Ousséini d'écouter la restitution que m'avait faite le vieil homme. Je le laissai en compagnie du magnétophone et allai faire un large tour dans le village. À mon retour, je trouvai Ousséini plongé dans le silence de la chambre. Le magnétophone venait de se taire sans doute. J'attendais les commentaires, les correctifs ou je ne sais quelles considérations concernant la restitution.

Ousséini dit, comme s'adressant à lui-même :

— Comment a-t-il fait? Mon discours n'a été

qu'une suite d'anecdotes et de propos plus ou moins didactiques à la suite les uns des autres. Il a su donner à cela une cohésion et une cohérence, il a su élaguer et ordonner dans la simplicité, et rien n'y manque, c'est un enseignement. Voilà bien la force des initiateurs, la mémoire et la parole modelée comme l'argile, sans aspérité ni scorie. Je ne sais si tu mesures ta chance...

Oui, je mesure ma chance et suis comme heureux des épreuves qu'elle m'a coûtées. Mais qui, chez moi, pourra comprendre cela ? Cela restera mon secret...

Par la vertu de l'intensité affective, Ousséini est devenu mon frère. Nous nous sommes promis de ne jamais nous perdre de vue et de construire ensemble à partir de nos deux mondes quelque chose de commun. Je reviendrai, je reviendrai souvent, j'en étais sûr...

***

Une lettre d'Ousséini m'apprit, neuf mois après mon retour en Europe, la mort de Tyemoro.

En examinant l'enveloppe éprouvée par un long périple, mais toujours embellie d'un timbre de couleurs vives, je ne soupçonnais pas la douleur qu'elle me réservait. Un simple papier écolier et quelques mots :

Il m'a fait venir à son chevet. Dans sa case de pauvre régnait une paix profonde. Tous les villageois attendaient dehors dans la dignité et le silence. Il m'a fait promettre de continuer à m'occuper des siens et de leur terre. Il m'a dit : « Préviens mon fils blanc. Dis-lui qu'il n'a jamais quitté mon cœur, j'ai confiance en lui. »

Je l'ai laissé un instant en compagnie des siens, il leur a longuement parlé avant de me rappeler pour me dire : « Je leur ai recommandé de t'obéir, car tu es homme semence. Continue ton œuvre mais sache que tu seras de moins en moins à toi-même, mais le bien de tous. Beaucoup d'autres devront devenir le bien de tous. » Après un long silence, il a continué : « À présent que je n'ai plus besoin de rien, je vous demande une faveur, la dernière — vous allez me trouver toqué, mais tant pis, c'est le dernier risque que je prends et on dira peut-être de moi : dommage, il a perdu la raison avec son dernier souffle ! Voici donc mon vœu : lorsque vous m'aurez installé dans ma maison éternelle et que je serai redevenu fœtus, répandez sur mon corps un peu de la matière noire. Je quitte ce monde sans avoir compris tout ce que cette nourriture signifie. Je sais qu'elle est une clef, une des voies de la réconciliation des hommes avec la terre mère. D'autres voies existent, mais celle-là les ouvre toutes. »

En guise de postface

Pierre Rabhi,
*paysan sans frontières**

PAR CHRISTIAN DE BRIE

Avec une logique implacable, l'agriculture intensive impose partout son mode de développement destructeur, dont les dégâts sont de moins en moins compensés par les avantages. « Dans le tiers-monde, explique François de Ravignan, ils sont souvent plus spectaculaires, en raison de la soumission brutale des paysans aux forces du marché, qui ne leur laisse d'autre ressource que de tirer de leur sol tout ce qu'ils peuvent sans avoir les moyens de le reconstituer : surpâturage, pollution des eaux, érosion, destruction des forêts, dessiccation des nappes phréatiques entrent en jeu, tandis que la population continue de croître avec les besoins alimentaires. »

En Europe ou en Amérique du Nord, pour

---

* Extrait d'un article paru dans *Le Monde diplomatique* (juillet 1995) survivre, l'agriculteur doit rester compétitif et donc améliorer sa productivité en cultivant des sols nivelés, remembrés, déboisés, permettant de rentabiliser un outillage toujours plus performant ; en se spécialisant sur les mêmes variétés les plus productives. Il est pris dans un cycle infernal où la monoculture et l'élevage d'espèces hypersélectionnées de plus en plus fragiles et vulnérables exigent toujours davantage d'engrais, de pesticides et de produits phytosanitaires contre des parasites de plus en plus résistants à des traitements de plus en plus dangereux et coûteux. S'il survit, c'est en faisant disparaître ses frères moins efficaces. L'essentiel de la recherche est orienté vers la croissance de la productivité par tous les moyens, en particulier par les manipulations génétiques et les biotechnologies, pour permettre aux grands groupes multinationaux d'augmenter leurs parts de marché, leurs bénéfices et leur pouvoir alimentaire.

Loin de se mettre au service de l'agriculture, l'industrie et la finance s'en sont emparées pour en tirer le maximum de profits. L'agriculteur est un client captif pour des produits mécaniques et chimiques toujours plus coûteux ; il est sous la coupe des banques, auprès desquelles il est endetté à vie pour des sommes colossales (plus de 200 milliards de dollars aux États-Unis, environ 1 000 milliards de francs, où il faut investir l'équivalent de plusieurs millions de francs pour créer un poste de travail dans l'agriculture, plus que dans n'importe quel autre secteur).

Sa production, jouée comme au casino sur des marchés spéculatifs auxquels il n'a pas accès, est une matière première pour l'industrie agroalimentaire. Elle lui est payée à la limite du prix de revient, voire très en dessous lorsque interviennent des aides publiques, avant d'être revendue trois à dix fois plus cher au consommateur après conditionnement et lancement publicitaire, par des chaînes d'hypermarchés qui font leurs profits au détriment des productions locales.

Toutes les données concernant chaque culture, chaque animal sont de plus en plus souvent traitées par l'informatique, qui gère en place de l'agriculteur et lui dicte sa conduite tandis que se perdent savoirs et expérience. Trop de dépenses pour une production excédentaire dont la gestion nécessite de nouvelles dépenses, ce mode de développement qui gaspille autant qu'il produit, détruit ou appauvrit les hommes et leurs savoirs, la diversité génétique des espèces et la qualité des aliments, la fertilité des sols, les nappes phréatiques et les ressources énergétiques et minérales non renouvelables.

C'est pourtant cette agriculture, la plus endettée et la moins rentable si l'on tient compte des coûts cachés que les marchés imposent partout, avec l'aide des organismes internationaux, des États-Unis et de l'Europe, qui ont déjà planifié la réduction de leurs producteurs ruraux à moins de 3 % de la population active. La mondialisation des marchés alimentaires et la pratique des prix de dumping ont désorganisé les systèmes vivriers traditionnels sur la totalité de la planète, et principalement en Afrique, transports et transferts internationaux incessants provoquant excédents et pénuries artificielles. De plus en plus de populations ne sont plus en mesure de s'alimenter de façon autonome, dépendant des importations lorsqu'elles disposent de devises ou de l'aide humanitaire dans les situations extrêmes.

Face à ce pouvoir, les paysans du Nord et du Sud sont confrontés aux mêmes problèmes : dépendance, exode rural, dégradations de l'environnement et des conditions de vie. À terme, une crise mondiale de l'alimentation n'est pas improbable tandis que la guerre alimentaire est déjà une réalité. Or les ressources sont très largement suffisantes pour satisfaire les besoins de tous les humains. Si le modèle productiviste continue de dominer, fort de son efficacité apparente, il perd peu à peu de sa crédibilité. En Afrique, en particulier, cimetière d'éléphants blancs, où l'impossibilité de s'intégrer au marché mondial conduit à de nouvelles approches, il se trouve remis en cause

Postface

Venus du Burkina Faso, du Bénin, du Cameroun, du Burundi, mais aussi du Brésil et de Nouvelle-Calédonie, une dizaine de stagiaires, techniciens agronomes et agents de développement, boursiers d'État ou d'organisations non gouvernementales, suivent un des programmes de formation à l'agroécologie tropicale, au Carrefour international d'échanges de pratiques appliquées au développement (Ciepad), près de Montpellier Un stage dont la partie expérimentale s'effectuera au Burkina Faso et qui propose non de fournir des modèles ou des recettes techniques mais des outils d'analyse, d'évaluation et d'expérimentation d'un mode de développement agricole durable, c'est-à-dire respectueux des hommes et des environnements, mettant en évidence les problèmes communs aux milieux tropical et européen.

Ayant pour finalité la sécurité et l'autonomie alimentaires des populations par la mise en valeur des ressources locales, l'approche agroécologique relève plus du faire-valoir que de l'exploitation, associant développement agricole et protection de l'environnement. Elle privilégie la fertilisation organique des sols et le compostage, des traitements phytosanitaires aussi naturels et biodégradables que possible, le choix de variétés et d'espèces (animales et végétales) traditionnelles maîtrisées par les communautés agricoles concernées, un usage économe et optimal de l'eau, le souci d'éviter tout suréquipement coûteux en énergie. Elle met l'accent sur les travaux anti-érosifs (digues, terrasses, haies vives...), le reboisement diversifié et enfin la réhabilitation des savoir-faire traditionnels conformes à une gestion écologique du milieu. Un mode d'intervention global qui concerne aussi bien les populations du Nord, que celles du Sud et requiert pédagogie et formation.

Dans ce but, le Ciepad a développé non seulement un secteur de sensibilisation et d'éducation à l'environnement et au développement s'adressant aux enfants et aux enseignants du Nord, mais aussi des actions d'appui au développement au Sud, sur appel de responsables locaux, en particulier au Sénégal, au Togo, au Bénin, au Burkina Faso, en Mauritanie, en Algérie.

En Tunisie, par exemple, dans le golfe de Gabès, le Ciepad intervient dans un projet de réhabilitation d'une oasis menacée de désertification. Un danger qui pèse sur les 250 000 hectares d'oasis du Maghreb, agressées par les technologies productivistes, alors que, création artificielle de l'homme, il s'agit d'un écosystème dont l'équilibre fragile dépend du respect de règles très strictes et précises.

En Palestine, autre exemple, à Falaniah, à l'ouest de Naplouse, se développe une action de formation et de vulgarisation à une agriculture moins dépendante d'une irrigation intensive et du marché israélien, associée à la culture, par les femmes, de plantes aromatiques et médicinales en vue de fournir une source de revenus autonome.

Parallèlement, le Ciepad a expérimenté un modèle d'implantation rurale dit « modèle optimisé d'installation agricole » (MOIA) devant permettre à une famille de quatre personnes d'assurer, sur une parcelle quelconque de l'hectare, une production maraîchère et d'élevage de qualité agrobiologique, sans produits chimiques ni engrais autres que naturels. Il garantit autonomie alimentaire et surplus commercialisable à proximité, ainsi que l'autoconstruction d'un habitat écologique démontable, le tout avec un financement très modeste et l'accès à des crédits coopératifs.

L'idée est à la fois de restaurer des espaces ruraux désertés tout en y aménageant une activité productive, d'accéder à une autonomie permettant l'exercice d'autres activités, de réintroduire des échanges de proximité sur des produits et services de qualité et les relations humaines qui les accompagnent. Des objectifs qui répondent à des besoins très actuels concernant aussi bien l'aménagement, entre villes surpeuplées et campagnes désertées, d'une société ruralo-urbaine compatible avec le partage du travail que la recherche d'une qualité de vie et de rapports humains dévalués par le modèle social des sociétés de consommation. Le projet s'adresse aussi à des personnes en situation d'exclusion, ayant très peu de ressources, qu'une structure associative du Ciepad s'emploie à former et aide à préparer un projet d'installation.

L'objectif est toujours le même : montrer de la façon la plus rigoureuse possible que s'installer à la terre, sans être agriculteurs au sens traditionnel du terme, avec l'idée de retrouver autonomie et qualité de vie, est possible et souhaitable au Nord comme au Sud. Le mouvement, encore discret, est en marche. Dans toute l'Europe, et notamment en France, on constate l'implantation de nouveaux ruraux et l'augmentation de la population locale. Ce qui s'expérimente ici et là témoigne que l'imagination créatrice est peut-être aujourd'hui davantage dans les campagnes que dans les bureaux des experts en prospective.

Originaire d'une oasis du Sud algérien, fils d'un artisan forgeron, le fondateur du Ciepad, Pierre Rabhi, a longtemps vécu une double culture, entre Europe et Maghreb, avant de s'installer dans le sud de l'Ardèche, où il mène avec sa famille une existence de paysan frugal. De cette errance sur le pourtour méditerranéen où se croisent, si proches, le Nord du Sud et le Sud du

Nord, il s'est forgé une éthique d'un développement fondé sur « la mise en valeur des ressources dont dispose chaque communauté humaine sur son territoire. Produire et consommer localement devrait être le mot d'ordre international. » Pour garantir la sécurité alimentaire mais aussi parce que le paysan est l'héritier de savoirs et de valeurs indispensables à la société. Traditionnellement son rapport à la terre n'est pas seulement un rapport d'exploitation, et celle-ci n'est pas un simple substrat mais véritablement une mère nourricière qui doit être traitée comme telle, ce qui nécessite d'autres pratiques que celles de l'agriculture productiviste.

Ces pratiques, Pierre Rabhi les a expérimentées avec succès sur sa terre aride des Cévennes avant de les transmettre à d'autres. Dans un centre de formation du Sahel, d'abord, au Burkina Faso, avec le soutien actif, à l'époque, du président Sankara puis dans le cadre du Ciepad. Utopiste de terrain, l'Ardéchois sans frontières plaide pour une frugalité heureuse au sein de nouvelles oasis ouvertes sur l'extérieur. Dans « un monde du " toujours plus pour quelques-uns ", où plus rien n'a de valeur mais où tout a un prix (…), la sobriété est libératrice. Car nous ne rêvons pas de PNB mais de sens et d'équité. »

Table

Préface, par Yehudi Menuhin 7
Avertissement 9
Retour à Membele 15
La complainte de Ninou 24
La mémoire de Tyemoro 35
La poudre des Blancs 54
Tambour dans la nuit 67
Sécheresse 78
Un étrange enfantement 85
L'enseignement d'Ousséini 91
Les quatre charpentes de la vie 108
Un nouvel ordre des choses 120
Retour à la terre mère 140
L'alliance du vieux Stiri 157
La nourriture de la terre 177
L'initiateur initié 197
Départ de Membele 218
En guise de postface, par Christian de Brie . . . 235

DU MÊME AUTEUR

Le Recours à la terre,
Terre du ciel, 1999.

L'Offrande au crépuscule,
L'Harmattan, 2001.

Du Sahara aux Cévennes,
Itinéraire d'un homme au service de la Terre-Mère,
Albin Michel, 1995, rééd., coll. «Espaces libres», 2002.

Le Gardien du feu,
Éditions Candide, 1986.
rééd. Albin Michel, coll. «Espaces libres», 2003.

Graines de Possibles :
regards croisés sur l'écologie,
avec Nicolas Hulot,
Calmann-Lévy, 2005.
rééd. Le Livre de poche, 2006.

Conscience et environnement
La symphonie de la vie,
Le Relié, 2006.

La Part du colibri :
L'espèce humaine face à son devenir,
L'Aube, coll. «Poche Essai», 2006.

Terre-Mère, homicide volontaire ?,
entretiens avec Jacques Olivier Durand,
Le Navire en pleine ville, 2007.

Manifeste pour la terre et l'humanisme :
pour une insurrection des consciences,
Actes Sud, 2008.

Vers la sobriété heureuse,
Actes Sud, 2010.

*Ce que nous dit la nature
regards croisés sur l'évolution
des origines à nos jours,*
avec Aigle Bleu, Père Holtoff,
Lama Mingyour, Lama Lhundroup.
Le Relié, 2010.

Guérir la Terre,
sous la direction de Philippe Desbrosses,
Albin Michel, 2010.

« *Espaces libres* »
au format de Poche

DERNIERS TITRES PARUS

81. *La petite Sainte Thérèse*, de M. Van der Meersch.
82. *Sectes, Églises et religions, éléments pour un discernement spirituel*, de J.-Y. Leloup.
83. *À l'écoute du cœur*, de Mgr Martini.
84. *L'Oiseau et sa symbolique*, de M.-M. Davy.
85. *Marcher, méditer*, de M. Jourdan et J. Vigne.
86. *Le Livre du sourire*, de C. de Bartillat.
87. *Le Couple intérieur*, ouvrage collectif sous la dir. de P. Salomon.
88. *Nous avons tant de choses à nous dire*, de R. Benzine et C. Delorme.
89. *Tous les matins de l'amour*, de J. Salomé.
90. *L'Orient intérieur*, collectif dir. par M. de Smedt.
91. *L'Évangile des quenouilles*, prés. par J. Lacarrière.
92. *Les Mémoires de l'oubli*, de J. Salomé et S. Galland.
93. *Qu'est-ce qu'une religion?*, d'O. Vallet.
94. *Science et croyances*, de A. Jacquard et J. Lacarrière.
95. *Nicolas Berdiaev ou la révolution de l'Esprit*, de M.-M. Davy.
96. *Dernier avis avant la fin du monde*, de X. Emmanuelli.
97. *Jésus et Bouddha*, d'O. Vallet.
98. *D'un millénaire à l'autre. La grande mutation*, collectif dir. par F. L'Yvonnet.
99. *Un Juif nommé Jésus*, de M. Vidal.
100. *Le Cercle sacré. Mémoires d'un homme-médecine sioux*, d'A. Fire Lame Deer.
101. *Être à deux ou les traversées du couple*, collectif dir. par N. Calmé.
102. *La Source du bonheur*, de C. Boiron.
103. *Une passion*, de C. Singer.
104. *Cent prières possibles*, d'A. Dumas. Préface d'O. Abel.
105. *L'Art de vivre au présent*, collectif dir. par É. Le Nouvel.
106. *Manque et plénitude*, de J.-Y. Leloup
107. *Le Cercle de Vie. Initiation chamanique d'une psychothérapeute*, de M. Séjournant.
108. *Le Théâtre de la guérison*, d'A. Jodorowsky
109. *Histoire d'âme*, de C. Singer.

110. *L'Âme de la nature*, de R. Sheldrake.
111. *Au nom de la vérité, Algérie 1954-1962*, de Mgr L. É. Duval.
112. *L'Art du kôan zen*, de T. Jyoji. (Inédit).
113. *L'Absurde et la Grâce*, de J.-Y. Leloup.
114. *Le Palais des arcs-en-ciel*, de T. Tcheudrak.
115. *Éloge du bon sens*, de M. de Smedt.
116. *En chemin vers le Bouddha*, d'O. Germain-Thomas.
117. *Pour comprendre l'intégrisme islamiste*, de M. Gozlan.
118. *Le Rêve de Confucius*, de J. Levi.
119. *Un art de l'attention*, de J.-Y. Leloup.
120. *Religions en dialogue*, de J. Mouttapa.
121. *Le Courage de se libérer*, de P. et P. Fenner.
122. *Histoire des Dalaï-Lamas*, de R. Barraux.
123. *Du Sahara aux Cévennes*, de P. Rabhi.
124. *Aux sources du zen*, d'A. Low.
125. *Le Curé de Nazareth*, d'H. Prolongeau.
126. *L'Évangile d'un libre penseur*, de G. Ringlet.
127. *Le Courage de vivre pour mourir*, de N. Masson-Sékiné.
128. *Quand la conscience s'éveille*, d'A. de Mello.
129. *Les Fables d'Ésope*, de J. Lacarrière.
130. *L'Esprit des arts martiaux*, d'A. Cognard.
131. *Sans les animaux, le monde ne serait pas humain*, de K. L. Matignon.
132. *L'Arc et la Flèche*, d'A. de Souzenelle.
133. *Adieu, Babylone*, de N. Kattan. Préface de M. Tournier.
134. *Le Gardien du feu*, de P. Rabhi.
135. *La Prière parallèle*, de C. Paysan.
136. *Dieu a changé d'adresse*, d'O. Vallet.
137. *La Danse de la réalité*, d'A. Jodorowsky.
138. *Le Courage de changer sa vie*, d'A. Ducrocq.
139. *Le Maître de nô*, d'A. Godel.
140. *Les Fleurs de soleil*, de S. Wiesenthal.
141. *Khalil Gibran*, de J.-P. Dahdah.
142. *Ces ondes qui tuent, ces ondes qui soignent*, de J.-P. Lentin.
143. *Les Dix Commandements intérieurs*, d'Y. Amar.
144. *Guérir l'esprit*, collectif avec J.-Y. Leloup, F. Skali, Lama D. Teundroup.
145. *La Quête du sens*, ouvrage collectif.
146. *La Foi ou la nostalgie de l'admirable*, de B. Vergely.
147. *Traversée en solitaire*, de M.-M. Davy.
148. *Éloge de la fragilité*, de G. Ringlet.
149. *L'Échelle des anges*, d'A. Jodorowsky.

150. *Petite grammaire de l'érotisme divin*, d'O. Vallet.
151. *La Troisième Voie*, de D. E. Harding.
152. *Le Rire du tigre*, de M. de Smedt.
153. *L'Effort et la Grâce*, de Y. Amar.
154. *Appel à l'amour*, d'A. de Mello.
155. *L'Homme intérieur et ses métamorphoses*, de M.-M. Davy.
156. *Dictionnaire de la symbolique des rêves*, de G. Romey.
157. *Le Christianisme en accusation*, de R. Rémond et M. Leboucher.
158. *Entre désir et renoncement*, M. de Solemne avec J. Kristeva, R. Misrahi, S. Germain et D. Rimpoche.
159. *Sadhana, un chemin vers Dieu*, d'A. de Mello.
160. *L'Amour comme un défi*, de S. Rougier.
161. *Du bon usage de la vie*, de B. Besret.
162. *La Grâce de solitude*, de M. de Solemne avec C. Bobin, J.-M. Besnier, J.-Y. Leloup et Th. Monod.
163. *Le Meneur de lune*, de J. Bousquet.
164. *Vivre l'islam*, du Cheikh K. Bentounès.
165. *Méditation et psychothérapie*, ouvrage collectif.
166. *Les Échos du silence*, de S. Germain.
167. *Aimer désespérément*, M. de Solemne avec A. Comte-Sponville, É. Klein, J.-Y. Leloup.
168. *Entre sagesse et passions*, ouvrage collectif dir. par Alain Houziaux.
169. *Écologie et spiritualité*, ouvrage collectif.
170. *L'Évangile des païens, une lecture laïque de l'évangile de Luc*, d'O. Vallet.
171. *Simone Weil, le grand passage*, sous la dir. de F. L'Yvonnet.
172. *Histoires d'humour et de sagesse*, d'A. de Mello.
173. *L'Avenir de l'homéopathie*, de C. Boiron.
174. *Qu'Allah bénisse la France*, d'Abd al Malik.
175. *Soigner son âme*, de J. Vigne.
176. *La sagesse des contes*, d'A. Jodorowsky.
177. *Innocence et culpabilité*, de M. de Solemne avec P. Ricœur, S. Rougier, Ph. Naquet et J.-Y. Leloup.
178. *Petite méthode pour interpréter soi-même ses rêves*, d'H. Renard.
179. *Cheminer, contempler*, de M. Jourdan et J. Vigne.
180. *Le Visage du vent d'est. Errances asiatiques*, de K. White.
181. *Petit lexique des mots essentiels*, d'O. Vallet.
182. *Lettres sur la méditation*, de L. Freeman.
183. *Dix questions simples sur Dieu et la religion*, d'A. Houziaux.
184. *Dix questions simples sur la vie*, d'A. Houziaux.

185. *Les Nouveaux Penseurs de l'islam*, de R. Benzine.
186. *Au dernier survivant*, du rabbin D. Farhi.
187. *Schizophrénie culturelle*, de D. Shayegan.
188. *Apprendre à être heureux*, d'A. Houziaux.
189. *Inventaire vagabond du bonheur*, de J. Kelen.
190. *Le Secret de l'Aigle*, de L. Ansa et H. Gougaud.
191. *Le Retour de l'enfant prodige*, de H. Nouwen.
192. *Mu. Le maître et les magiciennes*, d'A. Jodorowsky.
193. *La Conférence des oiseaux*, de J.-Cl. Carrière.
194. *Enquête au cœur de l'Être*, dir. par G. E. Hourant.
195. *Paroles d'Orient*, de M. de Smedt.
196. *Les Mouvements du silence*, de G. Manzur.
197. *Jésus, Marie-Madeleine et l'Incarnation*, de J.-Y. Leloup.
198. *Juifs et chrétiens face au XXIᵉ siècle*, coll. dir. par P. Thibaud.
199. *La Force de l'amour*, de Sœur Chân Không.
200. *Simon le Mage*, de J.-Cl. Carrière.
201. *Œdipe intérieur. La présence du Verbe dans le mythe grec*, d'A. de Souzenelle.
202. *Saint François d'Assise ou la puissance de l'amour*, de S. Rougier.
203. *Dieu versus Darwin*, de J. Arnould.
204. *Sagesses pour aujourd'hui*, entretiens réalisés par C. Mesnage.
205. *Jésus, l'homme qui évangélisa Dieu*, de R. Luneau.
206. *Anthologie du chamanisme*, de F. Huxley et J. Narby.
207. *La Roue de la médecine. Une astrologie de la Terre mère*, de S. Bear et Wabun.
208. *Moine zen en Occident*, entretiens avec R. et B. Solt, de R. Rech.
209. *Enquête sur la réincarnation*, dir. par P. Van Eersel.
210. *Une femme innombrable, le roman de Marie Madeleine*, de J.-Y. Leloup.
211. *Sœur Emmanuelle, la chiffonnière du ciel*, de sœur Sara et G. Collard.
212. *S'ouvrir à la compassion*, collectif dir. par L. Basset.
213. *Le Livre du vide médian*, de F. Cheng.
214. *Préceptes de vie de l'Abbé Pierre*, d'A. Novarino.
215. *Préceptes de paix des Prix Nobel*, de B. Baudouin.
216. *Cheminer vers la sagesse*, de D. Chopra.
217. *Le Chant des profondeurs*, dir. par N. Nabert.
218. *Islam et démocratie*, de F. Mernissi.
219. *Le Harem politique*, de F. Mernissi.
220. *Contes de la chambre de thé*, de S. de Meyrac.
221. *Deux mille dates pour comprendre l'Église*, de M. Heim.

*Impression CPI Bussière en septembre 2010
à Saint-Amand-Montrond (Cher)
Editions Albin Michel
22, rue Huyghens, 75014 Paris
www.albin-michel.fr*

ISBN 978-2-226-08733-1
ISSN 1147-3762
N° d'édition : 09867/16. – N° d'impression : 102428/1.
Dépôt légal : septembre 1996.
Imprimé en France.